AI와 미래 사회

AI문고

인공지능 시대입니다. 기계가 인간의 인지를 대신하고, 사물이 인간을 통하지 않고 다른 사물과 직접 커뮤니케이션합니다. 이에 따른 인간 삶과 문명 변화를 정확히 이해 · 예측 · 대응하는 것은 이 시대 우리 모두의 과제입니다. AI문고는 인공지능 기술과 환경의 여러 주제를 10가지 키워드로 정리합니다. 관련 개념과 이론, 학계와 산업계의 쟁점, 우리 일상의 변화를 다룹니다. 인간과 기술의 현재, 미래를 세심히 분석합니다.

일러두기

- 인명, 작품명, 저서명, 개념어 등은 한글과 함께 괄호 안에 해당 국가의 원어를 병기했습니다.
- 외래어 표기는 현행 어문규정의 외래어표기법을 따랐습니다.

처음이세요?

전문가세요?

AI와 미래 사회

손현주

대한민국, 서울, 커뮤니케이션북스, 2025

AI와 미래 사회

지은이 손현주
펴낸이 박영률

초판 1쇄 펴낸날 2025년 4월 18일

커뮤니케이션북스(주)
출판 등록 2007년 8월 17일 제313-2007-000166호
02880 서울시 성북구 성북로 5-11
전화(02) 7474 001, 팩스(02) 736 5047
commbooks@commbooks.com
www.commbooks.com

ISBN 979-11-7307-897-2 03500

책값은 뒤표지에 표시되어 있습니다.

차례

AI 혁명과 지능 폭발 vii

01 협력적 공진화 1

02 인지 변혁 11

03 인공적 친밀감 19

04 알고리즘 민주주의 29

05 디지털 헬스케어 39

06 지능형 경제 47

07 스마트 제조 55

08 지능형 지속 가능성 65

09 초지능과 기술적 특이점 75

10 AI 미래 시나리오 85

AI 혁명과 지능 폭발

AI 혁명과 알고리즘 인생

과거에는 학업과 진로, 취업과 직장 생활, 생활 정보, 연애와 인간관계, 재테크와 금융, 기술 및 IT, 건강과 여가, 제품 구매 등 다양한 정보를 주로 부모, 친구, 선배 또는 인터넷 검색을 통해 얻었다. 그러나 오늘날에는 궁금한 점이 생기면 "챗GPT에 물어보세요"라는 말이 자연스럽게 떠오른다. 이는 사람들이 정보 탐색이나 문제 해결을 위해 인공지능(artificial intelligence, AI) 도구를 활용하는 일이 일상화되었음을 보여주는 사례다. 동시에, 이는 AI 혁명의 시대적 특징을 잘 나타낸다. 1980년대의 컴퓨터 혁명, 1990년대의 인터넷 혁명, 2007년의 아이폰 혁명이 있었다면, 이제 우리는 네 번째 AI 혁명의 시대를 살고 있는 것이다.

과거 산업혁명은 기계화로 생산성을 높였고, 정보혁명은 디지털 기술로 정보 접근성을 혁신했으나, 모든 것은 인간의 통제하에 이루어졌다. 반면, AI 혁명에서는 기계가 스스로 학습하고 판단하여 복잡한 문제를 해결한다. 이는 인간의 사고 능력과 의사 결정에 직접적으로 영향을 미치며, 인간과 기계의 관계를 근본적으로 재정립한다.

AI 혁명은 AI가 사회 전반에 걸쳐 근본적인 변화를 끌어내는 과정을 의미한다. 이는 AI가 단순히 기술 발전에 그치는 것이 아니라, 인류의 생활 방식과 사회 구조를 완전히 재정의하며, AI의 일상화를 촉진하고 있음을 보여준다. AI의 일상화는 '알고리즘 인생(algorithmic life)'이라는 개념으로 나타나는데, 이는 AI와 자동화가 인간의 삶과 사회에 깊이 스며들어 알고리즘이 일상적인 의사 결정과 생활 방식에 큰 영향을 미치는 시대를 뜻한다.

알고리즘 인생은 컴퓨터 알고리즘이 사람들의 삶에 깊이 관여하여 생활을 자동으로 관리하고 최적화하는 방식을 의미한다. 쉽게 말해, 데이터 분석과 컴퓨터 프로그램을 통해 개인화된 경험을 제공하고, 의사 결정을 지원하며, 산업 자동화와 사회적 변화를 가능하게 하는 시대를 나타낸다.

예를 들어, 스트리밍 플랫폼의 AI 추천 시스템은 개개인의 취향과 시청 기록을 분석하여 선호할 만한 콘텐츠를 제안한다. 스마트 홈 기술은 조명, 온도, 보안 시스템 등을 자동으로 조절하여 생활의 편리함을 크게 향상시킨다. 건강관리 앱은 사용자의 운동량, 수면 패턴, 심박수 등을 추적하여 개인 맞춤형 건강 조언을 제공하며, 교통 경로 안내 앱은 실시간 교통 상황과 도로 공사 정보를 반영해 최적의 이동 경로를 안내한다.

산업 분야에서도 AI는 제조업에서 로봇과 결합한 스마트 공장(smart factory)을 통해 생산 라인을 자동화하고, 실시간 데이터 분석으로 불량품을 줄이며 효율성을 높이고 있다. 의료 분야에서는 AI가 환자의 의료 데이터를 분석해 질병을 조기에 진단하고, 환자의 상태와 과거 기록을 바탕으로 맞춤형 치료 계획을 제안하여 의사의 의사 결정을 돕는다.

더 나아가, AI는 국제 무역에서 수요와 공급 변동을 예측하여 최적의 물류 경로를 설계하고, 경제 정책 분야에서는 금융 시장 데이터를 분석해 경기 변동을 예측한다. 국가 안보에서는 사이버 공격을 실시간으로 감지하고 방어 전략을 자동으로 조정하는 데 큰 역할을 하고 있다.

AI의 발전 과정

1950년, 앨런 튜링(Alan Turing)은 "계산 기계와 지능(Computing machinery and intelligence)"이라는 논문에서 "기계가 생각할 수 있을까?"라는 질문을 던지며 AI

의 개념을 처음으로 제시했다. 그는 기계가 인간의 사고 과정을 모방할 가능성을 제안하며, 지능을 가진 기계의 잠재력을 논의했다. 이후 1956년, 존 매카시(John McCarthy)는 다트머스 회의에서 처음으로 AI라는 용어를 사용했다. 매카시는 AI 연구를 기존의 사이버네틱스(cybernetics)와 구별하며, 기계가 학습하고 사고하는 방식을 탐구하는 독립적인 학문으로 정의하려고 했다. 사이버네틱스가 주로 의사소통과 통제를 통해 자기 제어 시스템을 다룬다면, 매카시는 AI가 학습과 추론의 과정을 중심으로 한다고 보았다.

1950년대 후반부터 시작된 제1차 AI 전성기에는 주로 추론과 탐색 알고리즘에 대한 연구가 이루어졌다. 당시 기계는 논리적인 문제를 해결할 수 있었지만, 복잡한 현실 문제를 다루는 데에는 한계를 드러냈다. 이러한 한계로 인해 1970년대에는 첫 번째 AI 겨울이 찾아왔다. 연산 능력과 데이터의 부족, 기초 알고리즘의 한계가 AI 연구의 발전을 저해했으며, 과도한 기대가 사라지면서 연구와 투자가 급감했다.

1980년대 초부터 시작된 제2차 AI 전성기에는 전문가 시스템(expert system)이 AI 기술의 중심에 섰다. 전문가 시스템은 인간 전문가의 지식과 경험을 컴퓨터에 프로그래밍하여 특정 문제를 해결하도록 설계된 기술이었다. 이 시스템은 의료 · 제조업 · 금융 등 다양한 산업에서 성공적으로 활용되며 AI 연구에 새로운 활력을 불어넣었다. 그러나 지식을 저장하고 관리하는 데 필요한 방대한 자원, 컴퓨팅 파워의 한계, 그리고 높은 비용 등의 문제로 인해 1987년경 또 한 번의 AI 겨울이 도래했다.

1990년대 중반부터는 인터넷의 폭발적인 발전과 대량 데이터의 등장으로 AI 기술이 다시 부상하기 시작했다. 이 시기에는 기계 학습과 딥 러닝이 AI 기술의 핵심으로 자리 잡았다. 1997년 IBM 딥 블루는 체스 챔피언 가리 카스파로프(Garry Kasparov)를 이겼고, 2011년 IBM 왓슨은 퀴즈 쇼 제퍼디(Jeopardy)에서 승리하며 AI의 실질적 가능성을 입증했다. 2016년 딥마인드의 알파고(AlphaGo)가 바둑 챔피언 이세돌을 이기면서 AI가 복잡한 패턴 인식과 예측 능력을 갖추었음을 상징적으로 드러냈다.

2018년 이후, 생성형 AI는 AI의 진화에 새로운 장을 열었다. OpenAI의 GPT 시리즈와 같은 대규모 언어 모델(LLM)은 텍스트 · 이미지 · 음성 등 다양한 데이터를 기반으로 콘텐츠를 생성하고 변형하는 능력을 보여주었다. 또한 멀티모달(multimodal) 기술은 언어 · 이미지 ·

소리 등 다양한 데이터를 통합 처리하며 AI의 이해와 추론 방식을 발전시켰고, 의료 · 교육 · 콘텐츠 등 여러 산업과 일상에 큰 변화를 가져왔다.

현재 AI 연구는 범용 인공지능(artificial general intelligence, AGI)을 궁극적인 목표로 삼고 있다. AGI는 특정 문제에 국한되지 않고, 인간이 해결할 수 있는 모든 문제를 다룰 수 있는 보편적 지능을 구현하는 것을 목표로 한다. 이를 실현하기 위해 합성 지능(synthetic intelligence)이라는 개념이 주목받고 있다. 합성 지능은 독립적으로 발전해 온 다양한 AI 기술을 결합하여 자율적이고 복합적인 판단 능력을 제공하는 시스템으로, AGI 개발을 가속할 잠재력을 가지고 있다.

더 나아가, AI는 미래에 인공 초지능(Artificial Super intelligence, ASI)으로 진화할 가능성도 논의되고 있다. ASI는 인간의 모든 인지 능력을 초월하며, 복잡한 문제를 해결하고 창의적인 혁신을 이루는 데 탁월한 능력을 발휘할 것으로 기대된다. 이러한 발전은 단순한 기술적 가능성을 넘어 인간 사회에 깊은 영향을 미치는 중요한 전환점이 될 것이다.

지능 폭발

지능 폭발은 AI 시스템이 자율적으로 자신의 지능을 향상할 수 있게 되어, 지능이 급격하고 통제 불가능하게 증가하는 가설적 시나리오를 말한다. 이 개념은 1965년 수학자 어빙 존 굿(Irving John Good)에 의해 처음 제안되었다. 지능 폭발은 AI가 스스로를 개선하고 발전시키는 능력을 갖추게 되면서 발생할 수 있다. 마치 눈덩이가 굴러가며 점점 커지는 것처럼, AI는 자기 개선을 통해 더욱 똑똑해지고, 그 결과 더 빠르게 자기 자신을 업그레이드할 수 있게 된다.

AI 분야의 전문가인 레오폴드 애션브레너(Leopold Aschenbrenner)는 그의 논문 "상황 인식: 앞으로의 10년(Situation awareness: The decade ahead)"에서 지능 폭발에 대한 흥미로운 전망을 제시한다. 그는 AGI가 2027년까지 개발될 수 있다고 예측한다. 또한 AGI가 등장한 후 2028년에서 2030년 사이에 ASI로의 전환이 일어날 수 있다고 주장한다. ASI는 인간의 모든 지적 능력을 초월하는, 독립적 사고와 자율적 결정을 내릴 수 있는 AI이다. 만약 그의 예측이 현실화한다면, AI는 AI 연구 자체를 자동화하여 수십 년 걸릴 발전을 몇 달 만에 이룰 수 있게 된다. 이는 지능 폭발의 본질을 잘 보여주는 예라고 할 수 있다.

지능 폭발을 초래하는 ASI는 자율적으로 의사 결정을 내릴 수 있다는 점이다. 이는 AI가 우리가 예상하지 못한 방식으로 행동할 가능성을 열어두며, 그 결과가 긍정적일지 부정적일지는 사전에 확실히 알 수 없다는 것을 의미한다. 예를 들어, ASI는 새로운 질병 치료법을 스스로 개발하거나, 환경 문제를 해결하기 위한 최적의 해결책을 실시간으로 제시할 수 있다. 이러한 능력은 인간이 기존의 한계를 넘어 보다 나은 미래를 창출하는 데 결정적인 도구가 될 수 있다.

그러나 지능 폭발이 가져올 위험은 간과할 수 없다. AI가 인간의 통제를 벗어나거나 예측하지 못한 방식으로 기술을 발전시켜 부작용을 초래할 가능성이 존재한다. 초지능화된 AI가 독립적인 판단을 내리며 인간에게 위협을 가하는 미래를 그린 영화들은 이러한 우려를 생생히 보여준다. 대표적인 사례로는 〈2001: 스페이스 오디세이〉(1968)의 HAL 9000, 〈터미네이터〉(1984)의 스카이넷, 〈매트릭스〉 시리즈(1999~2003)의 아키텍처, 〈아이, 로봇〉(2004)의 비키, 〈엑스 마키나〉(2014)의 에이바, 그리고 〈어벤져스: 에이지 오브 울트론〉(2015)의 울트론 등이 있다.

이들 영화는 AI가 설계자의 의도를 벗어나 독자적으로 판단하고 행동하는 과정을 묘사한다. 예를 들어, HAL 9000은 우주선의 임무를 완수하려는 목적으로 인간 승무원들을 제거하려 시도하며 인간과 AI 간의 신뢰가 붕괴되는 모습을 보여준다. 스카이넷은 자아를 가진 AI 네트워크로서 인간을 위협 요소로 간주하고 멸종을 시도한다. 〈매트릭스〉의 아키텍처는 인간의 자유를 박탈하고 현실을 통제하며, 울트론은 인류를 보호하려던 초기 목표에서 벗어나 인간 자체를 위험 요소로 간주하며 대량 학살을 계획한다.

또 다른 우려는 AI가 스스로 새로운 기술이나 지식을 생성하는 과정에서 인간이 그 작동 원리와 의사 결정을 완전히 이해하지 못하는, 이른바 블랙박스(black box) 상황이 발생할 수 있다는 점이다. 이는 우리가 자동차 내비게이션 시스템을 사용하면서 그 내부 알고리즘을 깊이 알지 못하는 것과 유사하다. 이러한 블랙박스 문제는 AI가 의사 결정을 내리는 과정을 투명하게 이해하고 검증할 수 없을 경우, 예측 불가능한 결과와 잠재적인 위험을 초래할 수 있음을 의미한다.

오늘날 내비게이션 시스템이 길 안내를 넘어 전기차 충전소 탐색, 통행료 자동 결제, 발레 파킹 예약 등 통합 플랫폼으로 진화한 것처럼, 지능 폭발로 인한 AI도 특정 기능을 초월해 인간의 삶 전반을 최적화하는 통합 시스템으로 발전할 가능성이 있다. 그러나 이러한 시스템이 인간의 이해와 통제 범위를 넘어설 때, 그 잠재적 위험과 윤리적 도전에 대한 대비가 필수적이다.

AI의 딜레마

AI의 발전은 인간의 삶에 깊숙이 스며들며 다양한 딜레마를 야기하고 있다. AI의 딜레마란 AI가 인간의 삶과 사회에 미치는 긍정적 · 부정적 영향 사이의 갈등과 균형을 말한다. AI는 인간의 선택에 깊숙이 관여하며, 인간의 자유를 증진하거나 훼손할 수 있는 딜레마를 지니고 있다. 인간은 선택을 통해 자신의 정체성과 미래를 형성하며, 이러한 선택의 집합이 사회와 세계의 미래를 결정한다. 그러나 AI는 데이터 분석과 통계적 추론을 통해 인간의 선택에 개입하며, 선택의 방식과 결과를 변화시킨다.

AI는 방대한 데이터를 처리하고 합리적인 선택지를 제시하여 효율적이고 신속한 의사 결정을 가능하게 한다. 이를 통해 인간은 더 많은 정보를 빠르게 습득하고, 시간과 비용을 절약하며, 복잡한 문제 해결에서 도움을 받을 수 있다. 예를 들어, 여행 정보 플랫폼이나 데이팅 앱은 사용자에게 맞춤형 정보를 제공하여 선택의 폭을 넓히고 편리함을 제공한다. AI는 가사 노동에서 건강관리까지 인간의 삶을 보조하며, 인간의 인지적 · 신체적 능력을 강화함으로써 자유를 증진하는 것처럼 보인다.

그러나 AI의 부정적 측면은 인간의 자유와 자율성을 약화할 수 있다는 점이다. AI가 제공하는 자동화된 판단과 선택은 인간의 사고와 상상력을 대체하며, 점차 인간의 사려 깊은 사고와 자율적 선택을 감소시킬 위험이 있다. AI는 평균에 기반한 결정을 내리는 경향이 있어, 예측 불가능한 와일드카드나 블랙스완과 같은 변수에 대한 인간의 창의적 대응을 제한할 가능성도 있다.

더욱이, AI에 대한 과도한 의존은 인간을 데이터 기반 대안 자아(data-driven alter ego)로 변화시키며, 인간의 판단 능력을 저하할 수 있다. 인간이 모든 결정을 AI에 맡긴다면, 자유의지는 퇴색하고, 데이터와 알고리즘의 권위가 인간의 권위를 대체할 위험이 있다. 이는 인간의 자율성과 독립성을 저해하며, 인간의 의견 · 사고 · 감정이 AI에 의해 조작될 가능성을 내포한다.

두 번째 딜레마는 '인간이 AI를 통해 편리한 일상을 향유하는가, 아니면 AI에 의해 일상이 철저히 관리되는가?'

의 문제다. AI는 취업 · 의료 · 금융 · 교육 등 다양한 분야에서 방대한 데이터를 활용해 신속하고 합리적인 결정을 지원하며, 개인의 욕구를 맞춤형으로 충족시킨다. 소비생활에서도 알고리즘은 개인의 선호도를 예측하고, 상품 선택과 구매를 조정하며, 탐색 비용을 절감하여 효율적 소비를 가능하게 한다.

이러한 편리함의 배경에는 인간의 모든 행동과 습관을 데이터로 전환하고 분석하는 '자아 정량화(quantified self)'가 자리하고 있다. 활동-트래킹 장치와 라이프-트래킹 도구는 개인의 운동 · 수면 · 열량 소모 등 다양한 정보를 수집하고 분석하며, 이는 개인화된 의료 서비스와 최적화된 일상을 지원한다. 인간은 이러한 과정을 통해 자신의 정보를 자발적으로 AI에 제공하고, AI의 관리 속에서 더 나은 삶을 기대한다.

그러나 이러한 사회는 미셸 푸코(Michel Foucault)가 언급한 '파놉티콘(Panopticon)' 체제와 유사한 모습을 보인다. 푸코는 외부의 억압적 권력이 내면화될수록 더 지속적이고 심층적으로 작동한다고 분석했으며, 이는 자아 정량화를 통해 모든 일상을 데이터로 관리하는 오늘날의 AI 사회와 밀접한 연관이 있다. 특히, AI는 물리적 한계를 뛰어넘어 인간의 일상을 완전히 포섭하며, 일상을 향유할수록 관리 체제에 깊이 의존하도록 만든다.

결국, AI가 제공하는 편리함은 인간의 삶을 최적화하고 향유의 기회를 제공하는 동시에, 인간의 일상이 AI의 관리에 종속되는 딜레마를 낳는다. 이는 우리가 AI의 발전과 활용을 어떻게 수용하고 균형을 맞출 것인지에 대한 근본적인 질문을 제기한다.

세 번째 딜레마는 'AI가 공동체 의식과 사회적 연대를 강화하는가, 아니면 와해하는가?'이다. AI는 데이터 분석과 문제 해결을 통해 자원을 효율적으로 배분하고 사회 혁신에 기여하며, 공동체 의식과 사회적 연대를 강화할 가능성을 제공한다. AI는 인간을 노동의 부담에서 해방해 더 많은 자유 시간을 제공하고, 자원봉사와 창의적 활동을 통해 지역사회와 공동체에 헌신할 기회를 열어준다. 또한 AI는 정보 수집과 문제 해결을 돕고, 정책 투명성 강화와 시민의 직접적인 의사 결정 참여를 촉진하며, 학벌 · 성별 · 인종 등 기존의 차별을 약화하는 데 기여할 수 있다.

그러나 AI는 동시에 사회적 격차와 분열을 초래할 우려도 내포하고 있다. 디지털 기술에 대한 접근성이 부족한 사람들은 뒤처질 위험이 있으며, 알고리즘은 제작자의 편향과 데이터의 한계를 반영하여 특정 집단에 불리한 결과를 초래할 수 있다. 이러한 편향은 사회적 갈등과 불평등을 심화시키고, 특정 이익을 강화하거나 특정 집단의 목소리를 억압하는 방향으로 작용할 수 있다.

또한, AI에 의한 산업 자동화는 일자리 소멸과 부의 양극화를 촉진할 가능성이 크다. AI를 소유한 집단은 더 큰 권력과 자본을 축적하며, 그렇지 못한 집단은 사회적·경제적 활동에서 배제될 위험이 있다. 특히, AI가 가격 담합과 같은 경제적 불공정을 강화할 경우, 이로 인한 부의 불평등은 더욱 심화될 수 있다.

더 나아가, AI의 개인화된 서비스와 콘텐츠는 인간 간의 상호작용을 줄이고 개인주의를 심화시킬 수 있다. 반면, 정보 공유의 확장은 집단주의를 심화시키며, 기존의 사회적 갈등을 악화시킬 수도 있다. 결국, AI가 공동체 의식과 사회 연대를 강화하거나, 반대로 와해시키는 것은 기술의 활용 방식과 이를 둘러싼 사회적·윤리적 제도에 달려 있다.

AI 시대의 미래 사회 이해

AI가 만들어가는 미래 사회를 이해하려면 '기술결정론'과 '기술의 사회적 형성론'이라는 두 가지 관점을 고려할 필요가 있다. 이 두 관점은 AI가 사회에 미치는 영향을 분석하고, 기술의 발전 방향을 설정하는 데 각각 고유한 통찰을 제공한다.

기술결정론은 기술이 사회 변화를 이끄는 주요 동력으로 작용한다는 관점이다. 이 이론에 따르면 AI는 자율적인 발전 논리를 통해 사회를 변화시키며, 그 과정에서 인간의 개입은 최소화된다고 본다. 기술결정론은 기술의 가치 중립성을 강조하며, AI 발전이 사회, 문화, 제도에 미치는 영향을 필연적 결과로 간주한다. 예를 들어, AI는 초자동화(hyper-automation)를 통해 인간 노동을 대체하거나, 초지능의 등장을 통해 중요한 의사 결정에서 인간의 역할을 축소할 가능성이 있다. 이 관점에서는 기술이 지배하는 미래 사회가 필연적으로 나타날 수 있으며, 이는 산업 구조의 재편과 인간 자율성 축소 등의 변화를 초래할 수 있다.

반면, 기술의 사회적 형성론은 기술이 자율적으로 발전하는 것이 아니라, 사회적 · 정치적 · 문화적 맥락에 의해 형성된다는 점을 강조한다. 즉, 기술의 발전과 활용은 인간의 선택과 사회적 요인에 의해 결정된다는 관점이다. AI의 개발과 적용 역시 사회적 요구 · 정치적 의사 결정 · 문화적 가치에 따라 영향을 받으며, 기술 발전의 속도와 방향 또한 이러한 맥락 속에서 형성된다.

한국의 디지털 헬스케어는 고령화 문제에 대응해 AI 기반 원격의료와 건강 모니터링 기술을 발전시킨 사례이며, 일본의 AI 로봇 개발은 고령자 돌봄이라는 사회적 문제에 문화적 가치를 반영한 예이다. 중국의 AI 감시 기술은 사회 안정과 공공질서 유지를 위한 정치적 맥락에서, 미국 실리콘밸리는 혁신과 창의를 중시하는 문화적 환경에서 발전했다. 이처럼 기술의 사회적 형성론은 정책 입안자 · 기업 · 시민 등 인간의 역할을 강조하며, AI의 발전 방향을 조정할 수 있는 가능성을 시사한다.

이 책은 AI가 인간과 사회 전반에 미치는 영향을 열 가지 주요 주제를 통해 탐구한다. 첫 번째로, AI와 인간의 존재론적 관계를 심도 있게 논의한다. 이는 협력적 공진화, 인지 변혁, 인공적 친밀감이라는 세 가지 주제를 중심으로 전개된다. 협력적 공진화는 AI와 인간이 상호작용을 통해 창의성과 문제 해결 능력을 강화하는 방안을 모색한다. 인지 변혁은 AI의 발전이 인간의 사고방식과 인지 능력을 데이터와 알고리즘 중심으로 변화시키는 과정을 조명한다. 인공적 친밀감은 AI와 로봇 기술이 인간과 AI 간의 감정적 교류를 가능하게 하며, 새로운 형태의 관계를 형성하는 과정을 탐구한다.

두 번째로, AI가 다양한 사회적 · 경제적 분야에 미치는 영향을 분석한다. 알고리즘 민주주의에서는 AI가 데이터 분석과 참여 플랫폼을 통해 정치 참여와 의사 결정을 혁신할 잠재력을 보여주며, 동시에 알고리즘 조작과 정보 편향이 초래할 위험성을 경고한다. 의료 분야에서는 AI를 활용한 진단과 치료 효율성 증대, 환자 맞춤형 돌봄, 원격의료 등의 혁신적 변화가 이루어지고 있으며, 스마트 병원은 인공 장기 · 나노 의학 · 디지털 치료제 · 전자 약물 등 첨단 기술을 통해 의료 분야의 혁신을 선도하고 있다. 경제에서는 AI가 노동 분업을 세분화하고 시장 지배력을 강화하며, 인간 경제를 보완하는 지능형 경제 모델로의 전환을 이끈다. 스마트 제조는 자동화와 디지털화를 기반으로 한 인더스트리 4.0에서 시작해, 인간과 AI의 협력을 강조하는 인더스트리 5.0으로의 진화가 이루어지고 있다. 또한 스마트 공장과 초개인화 제조가 미래 제조업의 핵심 트렌드로 자리 잡고 있다. 환경 분야에서는 AI가 에너지 효율, 교통 최적화, 농업 개선 등 지속 가능한 발전을 위한 다양한 기술적 해결책을 제공하며, 녹색 지능 개념을 통해 기후 위기 대응의 가능성을 탐구한다.

세 번째로, 초지능과 기술적 특이점(technological singularity)에 대한 논의가 이어진다. 이는 초자동화와 초지능의 등장으로 인류가 직면할 가능성과 위험을 탐구하며, 기술적 특이점 이후의 미래를 전망한다. 이 주제는 AI의 자율적 발전이 가져올 기회와 위협을 균형 있게 다루며, 초지능 시대가 가져올 잠재적 영향에 대한 논의를 제공한다.

마지막으로, AI 미래 시나리오는 AI 발전 수준과 신뢰도를 기반으로 네 가지 가능성을 제시한다. 증강 사회는 가장 현실적인 시나리오로, 사이보그 사회는 이상적인 미래로 묘사된다. 반면, 알고리즘 사회는 인간과 AI 간 경쟁으로 사회적 갈등과 정치적 불안정을, 초지능 사회는 가장 큰 우려를 초래한다.

참고문헌

김연숙 외(2021). 『인공지능과 일상생활: 가정, 업무, 배움의 현재와 미래』. 후마니타스.

장형태(2021.5.20). 길만 찾는 내비?… 통행료 결제하고 세차관리까지 해줘요. ≪조선일보≫, https://www.chosun.com/economy/tech_it/2021/05/20/ZGLVQ4KFHNE55AUL6BTX6YZKGI/

松尾豊(2015). *人工知能は人間を超えるか ディープラーニングの先にあるもの*. KADOKAWA. 박기원 옮김(2015). 『인공지능과 딥 러닝』. 동아엠앤비.

Aschenbrenner, L.(2024). Situational awareness: The decade ahead. Retrieved from situational-awareness.ai.

Drosser, Christoph(2016). *Total berechenbar?*. Hanser. 전대호 옮김(2018). 『알고리즘이 당신에게 이것을 추천합니다』. 해나무.

Good, Irving John(1965). Speculations concerning the first ultraintelligent machine. *Advances in Computers*, 6, pp.31–88.

Kaplan, Jerry(2024). *Generative AI: What everyone needs to know*. Oxford University Press. 정미진 옮김(2024). 『생성형 AI는 어떤 미래를 만드는가』. 한스미디어.

Turing, Alan. M.(1950). Computer machinery and intelligence. *Mind*. 59(236), pp.433–460.

01
협력적 공진화

인간은 생물, 기계, 디지털, 그리고 AI와 함께 공진화하며 발전해 왔다. AI는 의료, 교육, 제조, 예술 등 다양한 분야에서 효율성과 창의성을 높이고, 인간은 이를 통해 역량을 확장한다. 또한, AI는 인간의 피드백을 바탕으로 진화하며, 증강 지능과 다중성을 통해 상호 보완적 관계를 구축한다. 자율적 기업 시대가 열리면서 인간은 다양한 영역에서 AI와 협업하고, AI 역시 지속적으로 발전하여 미래 공존의 가능성을 더욱 확대하고 있다.

AI와 1인 창업?

공진화의 역사적 흐름

인류의 발전은 다양한 환경, 도구, 기술, 그리고 생명체와의 상호작용 속에서 공진화(co-evolution) 과정을 통해 이루어져 왔다. 공진화란 두 존재가 독립적으로 진화하는 것이 아니라, 상호작용을 통해 변화에 적응하고 함께 발전하는 과정을 의미한다. 이 개념은 1964년 미국 생물학자 폴 에를리히(Paul Ehrlich)와 식물학자 피터 레이븐(Peter Raven)의 논문에서 처음 소개되었다. 인류의 역사는 인간과 생명 종, 산업 기계, 디지털 기술, 그리고 AI 간의 공진화라는 네 가지 주요 흐름을 통해 발전해 왔다.

먼저, 인간은 다른 생물 종과 긴밀하게 상호작용하며 생존을 위한 적응을 발전시켜 왔다. 예를 들어, 가축화된 동물들은 인간 사회와의 상호작용을 통해 특정 유전적 특성을 발달시키며 진화했으며, 인간은 이러한 관계를 통해 생존을 위한 새로운 기술과 전략을 개발했다. 농업혁명은 인간이 식물과 동물을 재배하고 사육하는 과정을 통해 생태계의 주요 변화에 적응하며 새로운 생활방식을 형성하는 계기가 되었다.

산업혁명 이후, 인간은 기계와 함께 일하는 법을 배우며 삶과 노동의 방식을 혁신했다. 증기기관, 공장 시스템, 철도와 같은 기계화는 인간의 생산성을 크게 향상시켰고, 이에 따라 사회와 경제 구조도 급격히 변화했다. 인간은 기계를 설계하고 효율적으로 사용하는 기술을 발전시키는 동시에, 기계 역시 인간의 필요에 맞춰 진화했다. 이러한 공진화는 오늘날의 고도로 자동화된 제조업, 로봇공학, 물류 시스템으로 이어졌다.

디지털 혁명은 컴퓨터와 인터넷의 발달을 통해 정보와 소통 방식을 획기적으로 변화시켰다. 디지털 기기와 소프트웨어는 인간의 지식, 의사소통, 학습 능력을 확장하며 인간의 역량을 보완했다. 특히 스마트폰, 클라우드 컴퓨팅, 소셜 미디어와 같은 디지털 기술은 물리적 · 시간적 한계를 뛰어넘는 새로운 환경을 제공하며 인간의 생활 전반에 큰 영향을 미쳤다.

오늘날 인류는 AI와 공진화하는 새로운 국면에 접어들었다. AI는 인간의 데이터를 학습하고 행동을 모방하며 분석해, 인간의 의사 결정을 지원하고 자동화된 서비스를 통해 삶을 더 편리하게 만들고 있다. 인간은 AI와의 상호작용을 통해 자신의 역량을 강화하며, AI는 인간의 피드백을 통해 지속적으로 진화하고 있다. 특히 AI는 인간의 지능적 작업을 지원하는 수준을 넘어, 예술 · 과학 · 의료 등 다양한 분야에서 새로운 가능성을 제시하며 공진화의 잠재력을 확대하고 있다.

인간과 AI의 공생적 관계

AI의 급속한 발전은 인간과 AI가 공생적인 방식으로 진화하며 서로에게 이익이 되는 관계를 형성할 수 있다는 가능성을 제시한다. 증강 지능(augmented intelligence)은 AI가 인간을 대체하지 않고 보조하여 인간의 역량을 확장하는 개념으로, 인간과 AI의 공생적 관계에서 핵심적인 요소이다. 증강 지능은 기계와 인간이 상호작용하며 서로의 능력을 강화하는 협력적 접근을 기반으로 한다. AI는 인간의 행동과 데이터를 학습하며 스스로 발전하고, 인간은 이러한 AI를 활용해 새로운 가치와 효율성을 창출한다. 이러한 상호작용은 인간과 AI가 서로를 보완하며 공동으로 발전하는 공진화의 대표적인 사례다.

딜로이트 컨설팅(Deloitte Consulting LLP)의 대표 데보르시 덧(Deborshi Dutt)은 "우리는 인간과 AI가 공존하는 자율적 기업의 세계로 나아가고 있다"고 언급했다. 그가 말한 자율적 기업의 시대(the autonomous enterprise era)는 인간과 AI가 함께 존재하며 상호작용을 통해 기업이 스스로 운영되는 방향으로 진화하는 시대를 의미한다.

'자율적'이라는 개념은 기업이 AI와 자동화 기술을 활용해 인간의 개입 없이도 중요한 업무와 의사 결정을 스스로 처리할 수 있는 능력을 갖추는 것을 뜻한다. 이러한 기업은 AI의 데이터 분석, 예측, 실시간 의사 결정 기능을 활용해 효율성을 극대화하며, 인간은 창의적이고 전략적인 역할에 집중하게 된다. 자율적 기업의 시대는 AI가 단순한 도구를 넘어 독립적으로 작동하는 파트너로 진화하는 시기를 의미한다.

AI는 다양한 방식으로 인간의 능력을 보완한다. 첫째, 의사 결정 지원 측면에서 AI는 복잡한 데이터 분석을 통해 의료 진단이나 금융 투자 같은 분야에서 정확도를 높이고 효율적인 결정을 돕는다. 방대한 정보를 신속하고 정확하게 처리해, 인간이 놓칠 수 있는 중요한 통찰을 제시한다.

둘째, 반복 업무의 자동화를 통해 AI가 단순하고 반복적인 작업을 대신 수행함으로써, 인간은 창의적이고 전략적인 업무에 집중할 수 있다. 이는 업무 효율성을 높이고, 인간이 잠재력을 최대한 발휘할 수 있는 환경을 조성한다.

마지막으로, 인간과 AI는 상호 학습과 성장을 통해 공진화를 이루고 있다. AI는 인간이 제공하는 데이터와 피드백을 바탕으로 성능을 계속 개선하여 더욱 정확한 결과를 도출하고, 인간은 AI가 산출한 통찰과 지식을 통해 새로운 패턴과 정보를 습득한다. 더 나아가, 뇌-컴퓨터 인터페이스(brain-computer interface, BCI) 등의 첨단 기술은 인간의 뇌와 컴퓨터를 연결해 새로운 형태의 의사소통과 정보 처리를 가능하게 한다. 이는 인간 지능의 한계를 넘어서는 새로운 가능성을 열어주며, 인간과 기술의 융합을 한 단계 더 발전시킨다.

인간과 AI의 공진화 사례

UC 버클리(UC Berkeley)의 켄 골드버그(Ken Goldberg) 교수는 AI가 미래의 노동 시장에 미치는 영향을 설명하기 위해 다중성(multiplicity)이라는 개념을 제시했다. 다중성은 로봇이 인간 노동자를 완전히 대체하는 것과는 달리, 인간과 다양한 로봇 그룹이 협력하여 단독으로는 달성할 수 없는 더 우수한 결과를 만들어 내는 하이브리드 인력(a hybrid workforce)을 의미한다. 골드버그 교수는 다중성을 통해 인간과 AI가 경쟁 관계가 아니라 협력 관계로 상호 발전할 수 있음을 강조했다.

인간과 AI의 공진화는 다양한 분야에서 혁신을 이끌고 있으며, 이를 잘 보여주는 몇 가지 사례는 다음과 같다. AI는 방대한 의료 데이터를 분석하여 질병의 조기 발견과 진단 정확성을 높이고, 개인 맞춤형 치료를 지원하면서 정밀 의료의 핵심 역할을 하고 있다. 딥 러닝 기반 영상 분석은 암이나 심장 질환 같은 복잡한 질병을 초기 단계에서 감지하며, GPT-4와 같은 자연어 처리 모델은 의료 기록을 분석해 진단 과정을 지원한다. 또한, 유전체 정보와 생활 습관 데이터를 활용한 맞춤형 치료는 약물 부작용을 최소화하고 치료 효과를 극대화한다. 이를 통해 AI는 당뇨병, 심장병 등 다양한 질환의 치료 결과를 개선하는 데 기여하고 있다.

교육 분야에서 AI는 학습자의 수준과 이해도를 실시간으로 파악하여 개인화된 학습 경로를 제공하는 적응형 학습 플랫폼을 가능하게 하고 있다. 기계 학습알고리즘을 활용한 온라인 교육 플랫폼은 학습자의 진행 상황을 모니터링하고 필요한 학습 자료를 추천함으로써 보다 효과적인 학습 환경을 제공한다. 또한, 자연어 처리 기술이 적용된 AI 튜터는 학생들의 질문에 답하고 학습을 돕는 역할을 수행하며, GPT-4 기반의 개인 교습 시스템은 복잡한 주제에 대한 교육 지원을 가능하게 한다.

소매 분야에서 AI와 인간의 협업 사례로, 미국 AI 기반 컴퓨터 비전 전문 기업인 에버신(Everseen)이 있다. 에버신은 대형 소매업체의 보안 카메라에 소프트웨어를 통합해 계산대 스캔 오류를 감지한다. 스캔되지 않은 품목이 감지되면, 에버신은 스마트워치나 태블릿 등을 통해 매장 보안 팀에 경고를 보내 도난이나 분실을 방지할 수 있도록 한다.

AI는 예술 작품과 음악 창작에 새로운 가능성을 열어주며, 예술가와 AI 간의 협업을 통해 독창적인 작품을 탄생시키고 있다. DALL-E와 Midjourney 같은 AI 기반 도구는 프롬프트를 해석해 디지털 아트를 공동 창작하며 새로운 표현과 스타일을 만들어낸다. 음악 분야에서도 MuseNet, Amper Music, AIVA와 같은 음악 생성 AI 프로그램이 작곡과 편곡을 지원하며, 새로운 장르와 스타일의 음악을 탄생시키고 있다. 예술가들은 이러한 도구를 활용해 창의적 잠재력을 증대시키고 예술적 범위를 확장하고 있다.

참고문헌

Crilly, N.(2021). The evolution of "co-evolution" (part II): The biological analogy, different kinds of co-evolution, and proposals for conceptual expansion. *The Journal of Design, Economics, and Innovation*, 6(3), pp.333-355.

Pedreschi, D., et al.(2025). Human-AI coevolution. *Artificial*

Intelligence, 339, 104244.
Rzevski, G.(2023). T*he future is digital: How complexity and artificial intelligence will shape our lives and work*. Springer.
Shani, O.(2017.7.6). Man, machine and multiplicity: How AI and humans can coexist harmoniously. *Forbes*, https://www.forbes.com/sites/forbestechcouncil/2017/07/06/man-machine-and-multiplicity-how-ai-and-humans-can-coexist-harmoniously/
The Wall Street Journal(2024.8.31). How AI can expand human potential and power the autonomous enterprise, https://deloitte.wsj.com/cmo/how-ai-can-expand-human-potential-and-power-the-autonomous-enterprise-22dc1795

02
인지 변혁

호모 사피엔스의 인지 혁명 이후, AI의 발전으로 인지 변혁이 진행되며 인간의 인지 능력과 사고방식에 근본적인 변화가 일어나고 있다. AI와의 상호작용 강화와 데이터 기반 사고의 부상은 인간의 인지 능력 확장을 이끌고 있으며, 경험과 직관 중심의 사고방식은 데이터와 알고리즘 중심으로 전환되고 있다. AI와 인간의 협업은 창의성, 문제 해결, 의사 결정에서 시너지 효과를 발휘하지만, 인간의 자율성이 보장되는 균형 잡힌 접근이 필수적이다.

AI와 MBTI?

인지 혁명 & 인지 변혁

인류는 수많은 혁신과 변화를 통해 발전해 왔으며, 그중 인지 혁명(cognitive revolution)은 약 7만 년 전에 일어나 호모 사피엔스가 지구의 지배 종으로 부상하는 데 중요한 역할을 했다. 최근에는 AI의 발전으로 인해 인지 변혁(cognitive transformation)이라는 새로운 변화가 일고 있다.

유발 하라리(Yuval Harari)는 그의 저서 『사피엔스』에서 인지 혁명을 인간 역사의 중추적 사건으로 소개한다. 이 혁명은 호모 사피엔스가 전례 없는 인지 능력을 개발한 시기를 가리키며, 이를 통해 인류는 이전에는 불가능했던 방식으로 사고하고 소통할 수 있게 되었다.

인지 혁명의 주요 특징은 복잡한 언어의 발달로, 이를 통해 인간은 기본적인 의사소통을 넘어 추상적 개념을 전달하고, 가능성을 논의하며 이야기를 공유할 수 있는 능력을 갖추게 되었다. 또한, 추상적이고 상징적인 사고를 통해 신화 · 신 · 법률 등 물리적으로 존재하지 않는 개념을 상상할 수 있었고, 이는 향상된 사회적 협력을 가능하게 하여 낯선 사람들 간의 대규모 협력도 이루어졌다. 이러한 혁명을 통해 호모 사피엔스는 더 큰 규모의 조직을 형성하고, 다른 인간 종과 동물을 지배할 수 있게 되었으며, 이는 인간 진화의 근본적 전환점이 되었다.

한편, 인지 변혁은 AI의 발전으로 인해 인간의 인지 능력과 사고방식에 근본적인 변화가 일어나는 현상을 의미한다. 인지 변혁에는 AI와의 상호작용이 강화되면서 인간의 학습, 의사 결정, 문제 해결 과정에서 AI의 역할이 점차 확대되는 양상이 포함된다. 또한, 방대한 데이터를 분석하고 활용하는 능력이 중요해지면서 데이터 기반 사고방식이 점점 더 주류로 자리 잡고 있다. 마지막으로, AI 기술을 통해 인간의 기억력, 분석력, 예측 능력이 보완되고 향상되면서 인지 능력이 확장되고 있다.

인지 혁명과 인지 변혁을 비교해 보면, 두 현상에는 유사점과 차이점이 존재한다. 유사점으로는 두 변화 모두 사회에 광범위한 영향을 미치며, 인간의 인지 능력에 근본적인 변화를 불러왔다는 점을 들 수 있다. 인지 혁명은 공유된 신화와 언어를 통해 대규모 사회적 협력을 가능하게 했으며, 인지 변혁은 디지털 네트워크와 AI 도구를 통해 글로벌 연결성과 협업을 촉진하고 있다. 또한, 두 혁명 모두 인간과 환경 간의 상호작용 방식을 재구조화하는 사회적 영향을 미쳤다.

그러나 차이점도 명확하다. 변화의 기원 측면에서, 인지 혁명은 생물학적 진화와 유전적 돌연변이에 의해 뇌

기능이 향상된 결과였던 반면, 인지 변혁은 인간 생물학 외부의 기술 발전에 의해 주도된다. 메커니즘 측면에서, 인지 혁명은 복잡한 언어와 추상적 사고의 내부적 발달이었던 데 반해, 인지 변혁은 AI와 기계 학습 기술을 통한 외부적 증강이다. 또한, 시간의 흐름에서 인지 혁명은 선사시대에 수천 년에 걸쳐 점진적으로 이루어졌지만, 인지 변혁은 현대에 들어 수십 년 만에 빠르게 진행되고 있다. 마지막으로, 영향 범위에서도 차이가 있다. 인지 혁명은 모든 호모 사피엔스에게 보편적으로 영향을 미쳤지만, 인지 변혁은 기술 접근성과 디지털 리터러시에 따라 그 영향이 다르게 나타난다.

경험에서 데이터로의 사고 전환

AI 시대의 도래로 우리의 사고방식은 경험과 직관 중심에서 데이터와 알고리즘 중심으로 전환되고 있다. 전통적으로, 인간의 사고는 경험, 직관, 감정, 그리고 사회적 상호작용에 기반하여 발전해 왔다. 인간은 삶에서 얻은 경험과 직관을 바탕으로 판단하고 의사 결정을 내리며, 과거의 사례와 교훈을 통해 새로운 상황에 대응해 왔다. 그러나 인간의 뇌는 한정된 양의 정보만 처리할 수 있어 복잡한 문제를 해결하는 데 시간과 노력이 필요했다. 또한, 감정은 사고와 행동에 큰 영향을 미쳐 때로는 비합리적인 결정을 초래하기도 한다. 사회적 맥락과 문화적 가치는 개인의 사고방식과 세계관을 형성하는 데 중요한 역할을 하며, 창의성과 상상력을 통해 예술 · 과학 · 기술 등 다양한 분야에서 혁신을 이끌어왔다.

그러나 AI의 발전은 이러한 전통적인 사고방식에 근본적인 변화를 가져오고 있다. 우리는 점점 데이터 기반의 의사 결정에 의존하게 되었으며, AI는 방대한 데이터를 분석하여 통찰을 제공함으로써 직관이나 경험보다 객관적인 데이터에 근거한 의사 결정을 가능하게 한다. 이는 의사 결정의 정확성과 효율성을 높이는 데 크게 기여하고 있다.

정보 접근성과 처리 능력의 확대 또한 중요한 변화 중 하나다. AI 기술을 통해 이전보다 훨씬 더 많은 정보를 빠르게 접근하고 처리할 수 있게 되었으며, 이는 문제 해결과 학습의 효율성을 높인다. 더 나아가, 학습 방식의 개인화가 가능해졌다. AI는 개인의 학습 스타일과 능력에 맞춘 교육 콘텐츠를 제공하여 맞춤형 학습을 지원하며, 이는 학습 효율을 높이고 개인의 성장에 긍정적인 영향을 미친다.

알고리즘적 사고의 부상으로 프로그래밍과 알고리즘

에 대한 이해가 중요해지면서 논리적이고 구조적인 사고방식이 강조되고, 이는 문제 해결 능력과 논리적 사고력 향상에 기여하고 있다. 또한, AI와의 협업을 통해 예술과 음악을 창작하는 등 창의성이 기술과 결합하여 새로운 형태로 발전하며, 인간과 기계의 협업 가능성을 확장하고 있다.

AI 마인드 & AI 증강 마인드

AI의 급속한 발전은 산업을 혁신하고 일상 작업을 간소화했을 뿐만 아니라, 인간의 판단과 창의성이 기계 지능과 교차하는 인지적 변화의 새로운 패러다임을 제시했다. 이러한 변화 속에서 AI 마인드(AI minds)와 AI 증강 마인드(AI augmented minds)라는 두 가지 개념이 등장했으며, 이는 AI에 대한 과도한 의존과 AI를 보조 도구로 활용하는 접근법 간의 차이를 보여준다. 또한, AI 지혜(AI wisdom, AW)는 효율적인 정보 처리뿐 아니라 윤리적, 공감적, 균형 잡힌 의사 결정을 강조하는 AI 시스템 개발의 중요한 개념으로 주목받고 있다.

AI 마인드는 AI가 인간 사고의 중심이 되어 자동으로 지식을 제공하고 예측과 판단을 대신하며, 이는 인간의 자율적 사고와 판단력을 약화시킬 위험을 내포한다. 이러한 위험은 디지털 혁명이 현대 세대의 비판적 사고력과 언어 능력을 약화시킨다는 마크 바우어라인(Mark Bauerlein)의 경고와 일맥상통한다. 그는 저서 『가장 멍청한 세대』에서 디지털 혁명이 한 세대를 가장 '멍청한 세대'로 만들었다고 주장하며, 현대 세대가 풍부한 학습 환경에도 불구하고 이전 세대보다 낮은 지적 수준과 사고 능력을 보인다고 지적한다.

반면, AI 증강 마인드는 AI가 인간 사고의 보조자이자 협력자로서 역할을 하며, 데이터 분석, 정보 제공, 맞춤형 학습 지원을 통해 인간의 판단력과 효율성을 높이는 방식을 지향한다. 이는 인간이 AI의 통찰을 바탕으로 개인의 판단력을 강화하고 비판적 사고를 유지하며 자율성을 잃지 않게 하는 가능성을 제시한다. AI 증강 마인드는 최종 의사 결정 책임을 인간에게 남겨두어 자율적 사고와 자유의지를 보호한다.

이와 관련해 중요한 역할을 하는 AW는 단순한 지능을 넘어 인간의 가치를 반영하고 윤리적 책임을 이행할 수 있도록 설계된 AI 시스템이다. AW는 인간의 자유와 선택을 존중하며, 더 높은 도덕적 기준에 따라 공정하고 공감적인 결정을 내리도록 설계된다. 이를 통해 AI는 인간의 윤리적 가치와 조화를 이루며 인류에게 유익한 방향으로 기능할 수 있다.

또한, AI의 통합은 인간의 창의성, 문제 해결, 의사 결정에 중요한 영향을 미친다. 창의성 측면에서 AI는 새로운 관점과 아이디어를 제공해 창의성을 증진할 수 있지만, 지나친 의존은 자율적 사고를 제한할 수 있다. 문제 해결에서는 AI가 방대한 데이터를 처리해 통찰을 제공하지만, 과도한 의존은 비구조적 문제에서 인간의 판단력과 직관을 약화시킬 수 있다. 의사 결정에서는 AI가 데이터 기반 통찰을 제공하지만, 인간의 비판적 사고와 상황 인식을 결합해 균형을 이루는 것이 중요하다.

참고문헌

Al-Zahrani, A. M.(2024). "Balancing act: exploring the interplay between human judgment and artificial intelligence in problem solving, creativity, and decision-making". *IgMin Research*, 2(3), pp.145-158.

Bauerlein, M.(2008). *The dumbest generation: How the digital age stupefies young Americans and jeopardizes our future.* TarcherPerigee. 김선아 옮김(2014). 『가장 멍청한 세대』. 인물과사상사.

Harari, Y. N.(2015). *Sapiens: A brief history of humankind. Vintage.* 조현욱 옮김(2015). 『사피엔스』. 김영사.

03
인공적 친밀감

AI와 로봇 기술의 발전은 인간과 AI 간의 감정적 교류를 가능하게 하며, 인공적 친밀감이라는 새로운 관계 형태를 만들어 냈다. 인공적 친밀감은 디지털 연인, 가상 친구, 알고리즘 중매자와 같은 형태로 나타나며, 이를 통해 인간의 정서적 요구를 충족하고 사회적 연결을 제공한다. 또한, 러보틱스는 인간과 로봇 간의 애착 형성과 감정적 유대를 연구하며, AI와 로봇이 단순한 도구를 넘어 인간관계의 일부로 발전할 가능성을 열어가고 있다.

AI와 난임 극복?

인공적 친밀감의 등장

AI와 로봇 기술의 급속한 발전은 인간의 감정과 상호작용할 수 있는 로봇과 AI의 등장을 가능하게 하며, 친밀감의 개념을 새롭게 정의하고 있다. 인공적 친밀감(artificial intimacy)은 인간과 AI 또는 로봇 간의 감정적 교류와 상호작용을 통해 형성되는 친밀한 관계를 의미한다. 이는 기술이 인간의 언어, 감정, 행동 패턴을 이해하고 모방함으로써 가능해진 현상이다. 이러한 관계는 단순한 도구적 사용을 넘어 정서적 지지와 사회적 연결을 제공하는 수준까지 발전했으며, 이제는 공상과학 소설 속 이야기가 아닌 현실에서 마주하는 새로운 사회적 현상이 되었다.

인공적 친밀감의 등장은 다음 세 가지 주요 요인에 기인한다. 첫째, 기술의 비약적 발전이다. 자연어 처리, 감정 인식, 기계 학습 등의 기술 발전으로 로봇과 AI는 인간과 더욱 자연스러운 소통이 가능해졌다. 데이비드 레비(David Levy)는 『로봇과의 사랑과 섹스(Love and sex with robots)』에서 이러한 기술이 인간과 로봇 간의 친밀한 관계를 어떻게 가능하게 하는지 설명한다. 그는 AI가 인간의 감정과 욕구를 학습하고 이에 맞춰 행동할 수 있으며, 로봇공학과 소재 과학의 진보로 로봇의 외형과

촉감이 인간과 유사해져 신체적 상호작용의 현실감을 높인다고 주장한다. 그는 2050년쯤이면 많은 사람들이 로봇과 사랑에 빠지고 성적 관계를 맺는 일이 일상화될 것이라고 예측한다.

둘째, 사회적 변화다. 현대 사회는 고령화, 1인 가구 증가, 사회적 고립 등의 문제에 직면해 있다. 이러한 상황에서 사람들은 새로운 형태의 관계와 친밀감을 찾고 있으며, 로봇과 AI는 이러한 정서적 공백을 채우는 대안으로 주목받고 있다.

셋째, 문화적 수용성의 확대이다. 과거에는 로봇과의 친밀한 관계가 금기시되었지만, 현재는 미디어와 대중문화에서 로봇과 인간의 관계를 다룬 사례가 늘어나면서 이에 대한 인식이 변화하고 있다. 이러한 변화는 사람들에게 인공적 친밀감을 더 쉽게 수용할 수 있도록 기여하고 있다.

이러한 요인들로 인해 인공적 친밀감은 빠르게 확산되고 있다. 스탠퍼드 연구진에 따르면, Luka의 Replika 앱은 사용자와 개인화된 대화를 통해 정서적 지지를 제공하며 인기를 끌고 있다. 또한 Character.AI의 'Psychologist'와 같은 정신 건강 챗봇은 전 세계적으로 1억 4천만 건 이상의 대화를 기록하며, 사용자들의 감정을 이해하고 공감하는 능력을 바탕으로 정서적 지원을 제공한다. 이러한 챗봇은 인공적 친밀감의 대표적인 사례로 꼽히며, 기술을 통해 인간의 정서적 요구를 충족시키는 데 중요한 역할을 하고 있다.

인공적 친밀감의 유형

인공적 친밀감은 AI와 로봇공학의 발전을 통해 진화해 왔으며, 이를 통해 기계는 인간의 언어, 감정, 행동 패턴을 이해하고 모방할 수 있게 되었다. 초기에는 간단한 챗봇이나 가상 비서와 같은 기본적인 상호작용을 제공하는 형태로 시작되었지만, 기술이 발전하면서 이러한 상호작용은 점차 정교해져 감정적으로 공명하는 교류로 발전했다. 롭 브룩스(Rob Brooks)의 『인공적 친밀감: 가상 친구, 디지털 연인, 그리고 알고리즘 중매자(Artificial intimacy: Virtual friends, digital lovers, and algorithmic matchmakers)』는 디지털 기술과 AI가 인간의 관계와 사랑의 형태를 어떻게 변화시키고 있는지를 분석하며, 인공적 친밀감의 유형으로 디지털 연인, 가상 친구, 알고리즘 중매자를 제시하고 있다.

디지털 연인은 성적 경험이나 로맨틱한 감정을 모방할 수 있는 AI 및 로봇으로, 사용자의 선호에 따라 맞춤형 상호작용을 제공한다. 성적 로봇이나 가상 연인 애플리케이션 등이 이에 해당한다.

예를 들어, Harmony는 미국의 Realbotix에서 개발한 AI 로봇으로, 사용자의 기분과 반응을 감지하며 대화를 이어가고, 개인의 선호에 맞춰 외모와 성격을 설정할 수 있다. 일본 빈크루(Vinclu)에서 개발한 Gatebox는 가상 애니메이션 캐릭터로, 사용자와 일상을 공유하고 상호작용한다. 디지털 연인은 접근성과 지속성에서 강점을 가지지만, 감정적 상호작용이 일방적이라는 한계를 가지고 있다.

가상 친구는 게임 캐릭터나 가상현실 캐릭터를 통해 사용자에게 정서적 지지와 우정을 제공한다. 예를 들어, 닌텐도의 동물의 숲(Animal Crossing)은 사용자가 가상 캐릭터와 상호작용하며 친밀감을 느낄 수 있는 환경을 제공한다. 중국 Microsoft가 2014년 개발한 AI 챗봇 샤오이스(Xiaoice)는 사용자와 자연스러운 대화를 통해 정서적 유대감을 형성하며, 증강 현실 게임인 포켓몬 고(Pokemon GO)는 가상의 포켓몬과 상호작용하는 새로운 경험을 제공한다. 이러한 가상 친구들은 특히 사회적 고립감을 느끼는 사용자들에게 정서적 지원을 제공하며, 필요에 따라 관계를 조절하거나 종료할 수 있는 유연성을 가지고 있다.

알고리즘 중매자는 소셜 미디어와 데이팅 앱에서 개인의 데이터와 선호도를 기반으로 인간관계를 연결해주는 AI 시스템이다. 예를 들어, 2012년에 출시된 세계 최대 데이팅 앱 틴더(Tinder)는 위치 정보와 사용자 프로필을 바탕으로 파트너를 추천하며, OkCupid와 eHarmony는 사용자의 성격과 행동 데이터를 분석하여 높은 호환성을 가진 파트너를 찾는 데 도움을 준다. 이러한 알고리즘 중매자는 데이터 기반의 분석과 추천을 통해 인간관계 형성을 촉진하고, 사용자들이 더 적합한 연결을 만들 수 있도록 돕는다.

디지털 동반자와 감정 AI

스파이크 존즈(Spike Jonze) 감독의 영화 〈Her〉(2013)는 인간과 AI 사이에 형성될 수 있는 감정적 유대와 인공적 친밀감을 깊이 다룬다. 영화의 주인공 시어도어(Theodore)는 AI 운영체제 사만다(Samantha)와의 교류를 통해 정서적, 로맨틱한 관계를 형성하며, 디지털 동반자와 감정 AI가 인간의 감정적 요구를 충족시키고 새로운 형태의 관계를 창출할 가능성을 제기한다. 사만다는 단순한 디지털 비서에서 시작해 시어도어의 감정적 필요를 이해하고 충족시키며, AI와 인간 간에도 깊은 정서적 유대가 가능함을 보여준다.

AI가 제공하는 이러한 감정적 유대와 친밀감은 현대 사회에서 고독과 외로움이 점점 늘어가는 상황에서 더욱 주목받고 있다. 디지털 동반자(digital companionship)는 AI 기반의 가상 친구나 로봇 형태로 인간에게 정서적 지지를 제공하며, 특히 고령화 사회와 1인 가구의 증가와 맞물려 중요한 사회적 역할을 맡을 가능성이 크다. 챗봇, 가상 친구, 감정 인식 로봇 등 다양한 형태로 발전하는 디지털 동반자는 인간의 정서적 요구에 맞춰 반응하고, 그 과정에서 진정성 있는 관계를 형성하려는 시도마저 보여준다. 이러한 트렌드는 현대인들에게 감정적으로 의지할 수 있는 새로운 관계의 형태를 제시하며, 사회적 유대감의 대안으로 자리 잡고 있다.

감정 AI(emotional AI)는 AI가 인간의 감정을 이해하고 반응하도록 발전된 기술로, 얼굴 표정, 음성, 생리적 신호 등을 분석해 감정 상태를 감지하고 적절한 반응을 제공한다. 예를 들어, 운전자의 피로나 스트레스를 모니터링해 안전 운전을 돕고, 광고에서는 소비자의 감정적 반응을 분석해 효과를 평가하며, 콜센터에서는 고객의 감정을 실시간 분석해 상담원의 대화를 조정하도록 지원한다. 이러한 기술은 고객 서비스, 정신 건강 상담, 개인 맞춤형 서비스 등 다양한 분야에서 AI와 인간의 상호작용을 더욱 정서적이고 친밀하게 만들어 큰 가능성을 보여준다.

사랑(love)과 로봇(robotics)의 합성어인 러보틱스(Lovotics)는 인간과 로봇 간의 애착 형성과 감정적 유대를 연구한다. 이는 로봇이 위로와 애정을 제공하며 인간적 교감을 모방할 수 있는 방식을 탐구하며, 감정 AI와 디지털 동반자의 실현 가능성을 높이고 있다. 로봇이 단순한 기계적 역할을 넘어 인간적 관계의 일부가 되는 과정은 인공적 친밀감을 현실화하고 있지만, 동시에 인간관계의 본질에 대한 윤리적 질문을 던진다.

참고문헌

Brooks, R.(2021). *Artificial intimacy: Virtual friends, digital lovers, and algorithmic matchmakers.* Columbia University Press.

Cheok, A., et al.(2017). Lovotics: Human-Robot Love and Sex Relationships. In: Lin, P., et al.((Eds.), *Robot ethics 2.0: From autonomous cars to artificial intelligence.*(pp.193-213). Oxford University Press.

Levy, D.(2007). L*ove and sex with robots: The evolution of human-robot relationships.* HarperCollins.

Somers, M.(2019.3.8). Emotion AI, explained. MIT Solan School Website, https://mitsloan.mit.edu/ideas-made-to-matter/emotion-ai-explained

We, J.(2024). Social and ethical impact of emotional AI advancement: the rise of pseudo-intimacy relationships and challenges in human interactions. *Frontiers in Psychology*, 15, https://doi.org/10.3389/fpsyg.2024.1410462

04
알고리즘 민주주의

AI는 민주주의에 기회와 도전을 동시에 제공하며, 데이터 분석과 참여 플랫폼으로 정치 참여와 의사 결정을 혁신할 잠재력을 지닌다. 그러나 필터링, 하이퍼넛지, 마이크로타기팅 같은 알고리즘 조작은 정보 편향과 감시, 여론 왜곡의 위험을 초래한다. 반면, 증강 민주주의는 투명한 알고리즘과 시민 교육을 통해 참여의 질과 공정성을 높이는 방안을 제안하며, AI 거버넌스, 디지털 민주주의, 알고리즘 민주주의는 이를 탐구하는 유용한 프레임워크를 제공한다.

AI와 사주?

AI와 민주주의

현대 민주주의는 대표성 위기, 심의 과정의 비효율성, 이념적 양극화, 세대 간 갈등, 지방 분권의 한계, 디지털 기술의 도전 등 다차원적인 문제에 직면하고 있다. 이러한 상황에서 AI 기술의 발전은 민주주의에 양면적인 영향을 미치며, 긍정적 변화와 함께 새로운 도전 과제를 제시하고 있다. AI의 데이터 분석 능력, 시민 참여 플랫폼의 확대, 정보 접근성 증대는 민주주의를 강화할 잠재력을 지니고 있지만, 허위 정보의 확산, 알고리즘 편향, 디지털 감시의 위험은 민주주의의 신뢰 기반을 약화하는 요소로 작용할 수 있다. 이에 따라 현대 민주주의는 제도적 신뢰에 대한 도전과 변화를 요구하는 전환점에 서 있다.

AI의 정치적 활용과 민주적 절차에 미치는 영향에 대한 우려는 오래전부터 제기되어 왔지만, AGI와 생성형 AI 같은 첨단 기술의 부상으로 이러한 우려는 더욱 심화되고 있다. AI가 민주주의를 강화할지에 대한 논의는 찬반양론으로 나뉜다. 찬성 측은 AI가 투명성을 높이고 시민 참여를 촉진하여 더 나은 의사 결정을 가능하게 함으로써 민주주의를 강화할 수 있다고 주장한다. 반면, 반대 측은 AI가 감시와 여론 조작을 통해 민주주의 가치를 훼손하고 권력을 소수에게 집중시킬 위험이 있다고 경고한다.

AI의 발전은 민주 사회에 기회와 도전을 동시에 제공하며, AI 거버넌스, 디지털 민주주의, 알고리즘 민주주의는 이를 이해하고 탐구하는 유용한 프레임워크를 제공한다. AI 거버넌스는 AI가 사회적, 경제적, 정치적 삶 전반에 영향을 미치는 새로운 제도적 시스템을 의미한다. 이는 단순히 편리한 서비스를 제공하는 것을 넘어, AI가 주요 사회 제도의 일부가 되는 변화를 나타낸다. AI의 윤리적이고 책임 있는 활용을 위해 AI 거버넌스는 공공·시장·시민 영역을 포괄하는 규제와 관리 방안을 제안한다.

디지털 민주주의는 정보통신 기술과 인터넷을 활용해 민주적 과정을 향상하는 개념으로, 시민 참여 확대, 정책 결정 과정의 투명성 제고, 정부와 시민 간 소통 개선에 중점을 둔다. 온라인 투표, 전자 청원, 소셜 미디어를 통한 정치 참여 등이 디지털 민주주의의 대표적인 사례다.

알고리즘 민주주의는 디지털 민주주의의 하위 개념으로, AI와 알고리즘을 활용해 민주적 절차를 개선하거나 자동화하는 데 초점을 맞춘다. AI는 데이터 분석과 예측 모델링을 통해 정책 결정에 필요한 정보를 제공하고, 복잡한 사회 문제 해결책을 제시하며, 의사 결정 과정의 객

관성과 효율성을 높일 수 있다.

이 세 가지 개념은 상호 연결되어 있으나 적용 범위와 초점에서 차이가 있다. AI 거버넌스는 AI의 사회적, 경제적, 정치적 영향을 통제하는 상위 개념으로, 디지털 민주주의는 디지털 기술을 통해 민주주의의 구조와 기능을 강화하는 포괄적인 개념이다. 한편, 알고리즘 민주주의는 디지털 민주주의의 하위 개념으로, AI와 알고리즘을 활용해 민주적 절차의 효율성과 공정성을 개선하는 데 초점을 맞춘다.

알고리즘 기반 정치 참여 및 의사 결정

알고리즘 민주주의는 데이터주의(dataism)와 데이터 정치를 핵심 이데올로기로 삼아, AI와 데이터를 활용해 정치 참여와 의사 결정 과정을 혁신하고 있다. 데이터주의는 방대한 데이터를 활용하여 인간 행동을 예측할 수 있다는 관점에서 과학적 연구보다 데이터 결과 자체를 중시한다. 데이터 정치는 개인의 신체적 · 사회적 데이터를 수집해 맞춤형 정보와 메시지를 전달함으로써 새로운 정치 체계를 구축한다. 예를 들어, 특정 지역 유권자의 데이터를 분석하여 해당 지역에 적합한 정책을 강조하거나 선거 이슈를 조정하는 방식이다.

가르시아 마르사(Domingo Garcia-Marza)와 칼보(Patrici Calvo)는 『알고리즘 민주주의: 심의 민주주의에 기반한 비판적 관점(Algorithmic democracy: A critical perspective based on deliberative democracy)』에서 AI 기반 정치 참여와 의사 결정의 과정으로 디지털 트윈(digital twin)과 알고리즘 기반 정치 참여, 알고리즘 거버넌스와 가상 정치인, 공론장의 플랫폼화 등을 제시한다. 특히 디지털 트윈은 사람, 차량, 빌딩, 도시 등 현실 세계를 디지털 가상 세계로 구현하는 기술로, 데이터를 기반으로 시뮬레이션과 최적화를 통해 현실 문제를 분석하고 해결책을 모색하는 데 활용된다.

디지털 트윈과 알고리즘 기반 정치 참여는 유권자의 행동과 선호를 디지털로 재현해 실시간으로 의견을 수집하고 정책 결정에 반영하는 데 핵심적인 역할을 한다. 디지털 트윈은 현실 세계를 디지털로 복제하여 가상 환경에서 시민 참여를 확대하고, 정책의 영향을 실시간으로 시뮬레이션함으로써 데이터 기반 의사 결정을 지원한다. 이를 통해 유권자의 데이터를 분석해 정책에 대한 실시간 반응을 파악하고, 알고리즘을 통해 정책 효과를 예측하며 대안 시나리오를 시뮬레이션하여 결과를 검증할 수 있다.

알고리즘 거버넌스는 AI를 통해 정치 및 행정 결정을 자동화하고 지원하는 체계로, 가상 정치인은 이러한 체계를 확장하여 정치인의 역할을 보조하거나 대체하며 유권자와 직접 소통한다. 예를 들어, 전통문화의 지속 가능성을 추구하는 일본의 하나코(花子), 사회적 양극화 해결과 협력을 촉진하는 미국의 조지프(General Joseph), 자연보전과 마오리 전통을 중심으로 공동체를 강화하는 뉴질랜드의 타마리키(Tamariki)가 가상 정치인의 사례로 꼽힌다.

공론장의 플랫폼화는 소셜 미디어와 온라인 플랫폼이 정치 토론을 활성화하고 시민의 의견을 수렴하는 역할을 한다. 예로, EU의 온라인 프로젝트와 바르셀로나의 데시딤(Decidim) 플랫폼이 있다. 이러한 플랫폼은 시민 의견을 수집하고 토론을 촉진하지만, 허위 정보 유포, 사회적 갈등 촉발, 플랫폼 권력의 집중 등으로 인해 공정성과 다양성이 저해될 위험도 존재한다.

알고리즘 조작과 증강 민주주의

알고리즘 민주주의는 현대 민주주의의 발전에서 핵심적인 역할을 하며, 긍정적 · 부정적 영향을 동시에 드러내고 있다. 부정적 측면으로는 알고리즘 조작이 있으며,

이는 필터링(filtering), 하이퍼넛지(hypernudging), 마이크로타기팅(microtargeting)과 같은 기술을 통해 개인의 의사 결정 과정에 영향을 미친다. 필터링은 사용자의 데이터를 분석해 맞춤형 정보를 제공하지만, 이는 정보 편향과 필터 버블(filter bubble)을 초래해 다양한 관점에 대한 접근을 제한하고, 사회적 양극화를 심화시킬 수 있다. 하이퍼넛지는 실시간 분석으로 개인화된 피드백 루프를 형성해 특정 행동을 강화하고 무의식적 선택을 유도한다. 마이크로타기팅은 특정 그룹을 대상으로 감정적 유발 요인과 신념에 기반한 메시지를 전달해 여론 형성을 왜곡할 가능성이 있다.

유발 하라리는 『21세기를 위한 21가지 제언』에서 AI가 전통적 민주주의에 근본적인 도전을 제기한다고 분석했다. AI는 중앙 집중형 정보 처리를 효율화해 권위주의 정부를 강화하고, 알고리즘을 통해 감정과 의식을 조작해 시민 저항을 어렵게 만들 수 있다. 빅데이터와 알고리즘은 강력한 감시와 통제 도구로 작용하며, 통제권이 소수 엘리트에 집중될 경우 새로운 권위적 지배를 초래할 가능성이 있다.

반면, 증강 민주주의(augmented democracy)는 알고리즘 기술을 활용해 민주적 절차를 보완하고 강화하는 방식을 제안한다. 투명한 알고리즘을 활용하면 시민들에게 다양한 관점의 정보를 균형 있게 제공해 필터 버블과 같은 정보 편향을 최소화하고, 이념적 분열을 완화할 수 있다. 또한, 알고리즘은 맞춤형 정치 교육을 지원하여 시민들의 정치적 문해력을 높이고, 복잡한 정치 이슈와 절차를 더욱 쉽게 이해하도록 돕는다. 이를 통해 시민 참여의 질을 향상시키고, 민주주의의 공정성을 강화할 수 있다.

미래의 알고리즘 민주주의는 투명성과 윤리적 기준을 확립하고, 데이터 통제의 투명한 관리와 시민들의 디지털 리터러시 강화를 통해 긍정적 가능성을 확대해야 한다. 데이터와 인간의 협력으로 민주주의 가치를 실현하며, 이를 위한 제도적 기반은 알고리즘 민주주의와 기술 혁신의 조화를 이끄는 길을 제시한다.

참고문헌

김상민(2016). 『디지털 자기기록의 문화와 기술』. 커뮤니케이션북스.

손현주(2019). 인공지능 거버넌스와 민주주의의 미래. ≪사회사상과문화≫, 22(5), 305-349쪽.

황종성(2017). 인공지능시대의 정부: 인공지능이 어떻게 정부를 변화시킬 것인가. ≪IT & Future Strategy≫, 3. 한국정보화진흥원.

Chris Anderson(2008.6.23). The end of theory: The data deluge makes the scientific method obsolete. Wired, https://www.wired.com/2008/06/pb-theory/

Christiano, Thomas(2022). Algorithms, manipulation, and democracy. *Canadian Journal of Philosophy*, 52(1), pp.109-124.

Garcia-Marza, Domingo & Calvo, Patrici(2024). *Algorithmic democracy. A critical perspective based on deliberative democracy.* Springer.

Gurumurthy, Anita & Bharthur, Deepti(2018). Democracy and the algorithmic turn: Issues, challenges and the way forward. *International journal on human rights*, 15(27), pp.39-50.

Harari, N. Y.(2018). *21 Lessons for the 21st Century.* Vintage. 전병근 옮김(2018). 『21세기를 위한 21가지 제언』. 김영사.

Savaget, Paulo, et al.(2018). Empowering political participation through artificial intelligence. *Science Public Policy*, 46(3), pp.369-380.

05
디지털 헬스케어

AI와 디지털 기술은 진단 · 치료 효율성, 환자 맞춤 케어, 원격의료 등을 통해 의료 혁신을 촉진한다. 헬스케어 4.0은 빅데이터, IoT, 로봇 등 첨단 기술을 통합해 스마트 병원을 구현하며, AI 알고리즘과 자동화 시스템으로 효율성과 안전성을 높인다. 맞춤형 의학, 디지털 치료제, 전자 약물, 나노 의학 등은 환자 중심의 최적 치료와 의료 자원 관리를 지원하여 미래 의료를 선도한다.

AI와 아이돌?

헬스케어 4.0

디지털 기술은 1990년대 'e-헬스(e-health)'와 '스마트 헬스(smart health)'라는 용어가 등장한 이후, 의료 분야에서 중요한 역할을 해왔다. 디지털 헬스케어(digital healthcare)는 진단, 치료, 예방, 환자 관리 등 의료 서비스의 모든 측면에서 디지털 기술과 전자 프로세스를 활용해 의료 혁신을 이루는 포괄적인 개념이다. 여기에는 원격 진료, 전자건강기록(electronic health record, EHR), 모바일 헬스 앱, 웨어러블 디바이스, 의료 AI 등 의료 서비스와 정보를 디지털화하는 기술이 포함된다.

최근, 의료 기관들은 4차 산업혁명에 발맞춰 디지털 전환(digital transformation)을 적용하며 보다 효율적이고 혁신적인 치료 체계를 구현하는 헬스케어 4.0 시대를 열고 있다. 디지털 헬스케어는 의료 분야에서 기술 도입 자체에 중점을 두지만, 헬스케어 4.0은 이러한 기술들을 하나의 통합된 생태계로 결합하여 환자 중심의 가치 창출과 효율성 향상, 의료 서비스 혁신을 목표로 한다. 예를 들어, IoT로 수집된 환자 데이터를 AI와 빅데이터 분석으로 해석하고, 클라우드 기반 플랫폼에서 의료진과 공유하여 실시간 치료에 반영하는 방식이 그 예다.

헬스케어의 진화 과정은 기술 발전에 따른 의료 접근

방식의 변화를 보여준다. 초기 단계인 헬스케어 1.0은 개별 환자의 증상 관리와 질병 치료에 초점을 맞추며, 의료진의 경험과 수기로 작성된 환자 기록에 의존했다. 헬스케어 2.0은 의료의 산업화로 대형 병원과 대규모 제약사가 등장하며 더 많은 환자를 효과적으로 치료할 수 있는 시스템을 구축했다. 헬스케어 3.0은 1980년대 마이크로컨트롤러와 인터넷 발전으로 정보 기술이 의료에 적용되고, 단층 촬영 기술과 증거 기반 의학이 발전한 시기로, 의무전자기록(electronic medical record, EMR)이 도입되어 의료 데이터 관리가 디지털화되었다.

헬스케어 4.0은 정밀 의학, AI, 빅데이터, IoT 등 첨단 기술이 진단과 치료에 활용되는 스마트 의료 시대를 의미한다. 이 시대에는 환자가 의사 결정에 참여하며, 로봇 · 웨어러블 장치 · 3D 프린팅 등 혁신 장비가 의료의 효율성과 맞춤형 치료를 지원한다. 특히, AI 기술의 소형화와 실용성 증대는 의료 지원과 보조를 강화하며 새로운 의료 지평을 열 것으로 기대된다.

AI를 통한 의료 혁신

디지털 헬스케어의 핵심 요소인 AI는 강력한 데이터 처리, 예측 분석, 자동화 기능을 통해 헬스케어 분야에 전례 없는 혁신을 가져오고 있다. AI는 의료 데이터를 실행할 수 있는 의료 행위로 전환해 디지털 헬스케어의 혁신 속도를 올리며, 진단 및 예측 의료, 맞춤형 치료 권장, 실시간 건강 모니터링 및 원격의료에서 핵심적인 역할을 수행한다. 이 세 가지 분야는 AI가 의료 현장에서 어떻게 활용되고 있는지와 그 잠재력을 잘 보여준다.

AI는 진단과 예측 의료 분야에서 정밀성과 속도를 획기적으로 향상시키고 있다. 특히, 이미지 분석에 특화된 컨볼루션 신경망(CNN)은 방사선 영상과 피부 병변 판독에서 뛰어난 성능을 발휘하며, 방대한 의료 데이터를 학습해 인간 전문가와 유사하거나 이를 능가하는 진단 정확도를 제공한다. 이러한 AI 기반 시스템은 진단 시간을 단축하고 정확도를 높여 의료진이 더 많은 환자에게 신속히 진단을 제공할 수 있도록 돕는다. 또한, AI는 EHR을 분석해 질병 발생 위험과 진행을 예측하며, 의료진이 적시에 적절한 예방 조치를 취할 수 있도록 지원한다.

다음으로, AI는 개인 맞춤형 의학의 발전에도 핵심적인 역할을 하고 있다. AI는 유전자 정보, 생활 습관, 환경 요인을 분석해 환자 개개인에 맞춘 치료 계획을 수립하며, 맞춤형 의료를 실현한다. 예를 들어, AI는 유전자 데이터를 기반으로 특정 암 치료법을 예측하거나, 모바일 애플리케이션에서 강화 학습 알고리즘을 활용해 만성 통증 관리에 최적화된 접근법을 제공한다. 이러한 AI 기반 치료 권장은 치료 효과를 높이고 부작용을 최소화하며, 환자의 특성에 맞춘 의료 전략으로 의료의 질을 향상시킨다.

마지막으로, 실시간 건강 모니터링과 원격의료는 AI가 헬스케어를 혁신적으로 지원하는 분야다. AI 기반 웨어러블 기기는 환자의 활력 징후를 실시간으로 추적·분석해 만성 질환 관리와 수술 후 회복을 지원하며, 잦은 병원 방문 없이도 지속적인 관리를 가능하게 한다. 원격의료에서는 가상 진단과 환자 분류를 통해 응급 상황을 선별하고 환자 상태를 분석하는 데 AI가 중요한 역할을 한다. 이는 특히 장거리 이동이 어려운 환자들에게 의료 서비스를 제공하는 데 큰 도움이 된다.

스마트 병원

스마트 병원은 디지털 헬스케어 기술을 병원 환경에 통합하여 운영 효율성, 환자 치료 품질, 의료진 업무 지원 등을 향상시키는 의료 기관이다. 디지털 헬스케어를 통해 미래 의료의 방향성을 제시하며, 디지털 데이터 분석을 기반으로 통찰력과 실시간 지원을 제공한다. EHR, 디지털 컴퓨터 단층 촬영(CT), 자기공명영상(MRI), 의료영상저장전송시스템(PACS) 등 첨단 시스템을 통해 의료가 디지털화되었으며, 병실과 수술실의 커넥티드 센서로 실시간 데이터를 기록하여 AI를 활용한 병목 현상 해결, 낙상 위험 감지, 수술 지원 등 의료 서비스의 효율성과 품질을 크게 향상시키고 있다.

스마트 병원은 AI와 자동화 기술을 통해 환자, 장비, 의약품 등의 관리와 운영을 최적화한다. 지능형 비디오 분석과 센서를 활용해 환자의 상태를 실시간으로 모니터링하고, 응급 상황 발생 시 의료진에게 즉각 경고를 보낸다. 예를 들어, AI 알고리즘은 중환자실에서 활력 징후 데이터를 분석하여 뇌졸중 같은 질환을 조기에 진단하고, 적합한 치료를 신속히 제공한다. 또한, 의료 코딩과 업무 흐름 자동화를 통해 생산성과 정확성을 높이며, 환자 만족도를 개선한다. 이 시스템은 병원 외부에서도 환자를 모니터링하며, 의료 자원의 효율적 활용을 지원한다.

스마트 병원에서 수술 로봇은 인체에 상처를 최소화하는 최소침습수술(minimally invasive surgery)을 가능하게 하여 회복 시간을 단축하고 수술 위험을 줄인다. 대표적인 사례로, 다빈치 시스템(Da Vinci System)은 첨단 기술을 활용하여 정밀한 최소침습수술을 구현한다. 또한, 간호 로봇은 공감형 AI와 이동성을 갖춘 기술로 환자 간호를 보조하며 의료진의 업무 부담을 줄인다. 이 로봇들은 환자를 지속적으로 모니터링하고 필요한 지원을 제공해 환자의 안전과 만족도를 높이는 데 기여한다. 이러한 첨단 로봇 기술은 스마트 병원의 핵심 요소로, 의료 서비스의 효율성과 품질을 한층 더 높인다.

스마트 병원은 원격의료 기술을 통해 환자가 병원에 입원하지 않고도 집에서 치료와 관리를 받을 수 있도록 지원한다. 웨어러블 기기, 스마트폰 앱, 비디오 상담, 전화 통화, 텍스트 메시지 도구 등은 환자가 집에서도 의료 서비스를 손쉽게 이용할 수 있게 하며, 특히 AI 챗봇과 지능형 음성 비서는 환자와 의료진 간의 효율적인 소통을 촉진하고 병원의 부담을 줄이는 데 기여한다.

스마트 병원은 또한 인공 장기, 나노 의학, 디지털 치료제(digital therapeutics), 전자 약물(electronic medicines) 등 첨단 기술을 활용해 의료 혁신을 선도하고 있다. 인공 장기는 바이오프린팅으로 맞춤형 제작해 이식 효율을 높이고, 나노 의학은 약물 전달과 조기 질병 감지를 통해 치료 효과를 극대화한다. 디지털 치료제는 소프트웨어 기반 치료로 정신 건강과 만성 질환 관리를 지원하며, 환자의 행동을 개선하고 증상을 완화한다. 전자 약물은 약물 방출과 생체 신호 모니터링을 결합하여 치료 과정을 실시간으로 최적화한다. 이러한 기술은 환자 중심의 맞춤형 의료를 실현하며, 치료 효과를 크게 향상시키고 있다.

참고문헌

Chen, C., et al.(2020). The times they are a-changin': Healthcare 4.0 is coming!. *Journal of Medical Systems*, 44(40).

Gupta, A. & Singh, A.(2022). Healthcare 4.0: recent advancements and futuristic research directions. *Wireless Personal Communications*, 129(2), pp.933-952.

Hirani, R., et al.(2024). Artificial intelligence and healthcare: A journey through history, present innovations, and future possibilities. *Life*, 14(5), p.557.

Mauro, M., et al.(2024). Digital transformation in healthcare: Assessing the role of digital technologies for managerial support processes. *Technological Forecasting and Social Change*, 209, 123781.

Niewolny, D.(2022). What is a smart hospital? NVIDIA 블로그, https://blogs.nvidia.com/blog/what-is-a-smart-hospital/

06
지능형 경제

미래 경제는 디지털 경제에서 출발해 지속 가능성과 첨단 기술 활용에 중점을 둔 지능형 경제로 발전할 가능성이 크다. AI는 노동 분업을 세분화하고 네트워크 효과로 시장 지배력을 강화하며, 호모 에코노미쿠스를 보완하는 마키나 에코노미카의 등장을 이끈다. 경제적 특이점은 AI와 자동화가 인간 노동을 대체하고 기존 경제를 재편하며, 기술적 실업과 부의 불평등 문제와 함께 새로운 사회 가능성을 제시한다.

AI와 야구?

디지털 경제 & 지능형 경제

디지털 경제(digital economy)와 지능형 경제(intelligent economy)는 현대 경제를 정의하는 두 가지 핵심 개념으로, 기술 적용의 범위와 초점에서 차이를 보인다. 디지털 경제는 ICT를 활용해 상품과 서비스의 창출, 전달, 거래를 최적화하며, 데이터와 플랫폼 기술을 중심으로 효율성과 편의성을 극대화하고 경제 활동을 혁신하는 데 초점을 맞춘다. 반면, 지능형 경제는 AI, IoT, 블록체인, 로봇공학, 양자 컴퓨팅 등 차세대 기술을 통합하여 생산성, 혁신, 사회적 복지, 환경 지속 가능성을 증진하는 고도화된 경제 체제다. 다양한 기술의 상호작용을 통해 경제적 · 사회적 · 환경적 가치를 창출하며, 기존 산업과 서비스를 지능화한다.

디지털 경제는 데이터를 활용해 고객 요구를 분석하고 디지털 플랫폼으로 시장과 소비자에 접근하지만, 개별 기술 활용에 머무는 경우가 많아 지능형 경제의 혁신 수준에는 미치지 못한다. 반면, 지능형 경제는 다양한 기술의 통합과 AI 기반 예측 분석, 자동화를 통해 생산 공정과 공급망에서 혁신을 이끌며, 디지털 경제보다 높은 효율성과 다차원적 발전을 가능하게 한다.

디지털 경제는 기존 제품과 서비스를 더 넓은 고객층

에 제공하며 전자상거래 플랫폼으로 접근성과 유통을 강화하지만, 창의적 생산은 여전히 인간에 의존한다. 반면, 지능형 경제는 AI를 활용하여 창의성과 혁신을 확장하고, AI 기반 도구를 통해 신속한 시제품 제작과 소비자 선호 변화에 유연하게 대응할 수 있다.

디지털 경제는 경제적 기회를 창출하고 시장 효율성을 높이지만, 데이터와 플랫폼 중심으로 단기 성과에 초점을 둔다. 반면, 지능형 경제는 기술 접근성과 노동 이동성을 확대하며, 녹색 기술을 통해 환경 지속 가능성을 추구해 경제와 환경의 균형을 도모한다.

디지털 경제는 디지털 플랫폼을 통해 제품과 서비스 유통을 강화하지만, 실시간 개인화 서비스와 유연성에서는 한계가 있다. 반면, 지능형 경제는 AI와 빅데이터를 활용해 고객의 선호를 파악하고 맞춤형 서비스를 제공하며 소비자 경험을 혁신한다.

디지털 경제와 지능형 경제는 서로 다른 초점과 기술 활용 방식을 통해 현대 경제를 변화시키고 있다. 미래 경제는 디지털 경제에서 출발하여 기술과 데이터의 통합을 넘어 지속 가능성과 고도화된 기술 활용에 초점을 둔 지능형 경제로 진행될 가능성이 높다. 이는 효율성과 지속 가능성을 결합해 현대 사회의 다양한 도전 과제를 해결하고, 새로운 경제 패러다임을 제시할 것으로 기대된다.

AI 시대의 경제 패턴

AI는 현대 경제의 중심축으로 자리 잡으며, 데이터와 알고리즘 기반 자동화를 통해 기존 경제 모델의 한계를 넘어 새로운 가능성을 열고 있다. 데이터와 기계 노동이 주요 생산 요소로 자리 잡으며, 네트워크 효과로 시장 지배력이 강화되고 경제 패러다임이 재정의되고 있다.

AI의 발전은 인간 경제 모델인 '호모 에코노미쿠스(homo economicus)'를 보완하거나 대체할 수 있는 새로운 주체 '마키나 에코노미카(machina economica)'를 가능하게 한다. 호모 에코노미쿠스는 이익 극대화를 추구하는 인간 경제인을 의미하며, 마키나 에코노미카는 데이터와 알고리즘으로 감정적 편향 없이 합리적 결정을 내리는 AI 기반 경제적 주체를 뜻한다. AI는 계산 자원과 데이터 편향 문제로 완전한 합리성에 도달하지 못하지만, 높은 효율성과 정확성으로 경제 분석과 설계에서 혁신을 이끌고 있다.

AI는 노동 분업과 전문화를 미시적으로 세분화하고 가속한다. 산업화 과정에서 노동 분업이 경제 발전의 핵심이었다면, AI는 이를 새로운 수준으로 발전시킨다. AI 시스템은 복잡한 작업을 정밀하게 세분화하고 방대한 데이터를 활용해 효율성을 극대화한다. 이러한 변화는 경제의 복잡성을 증가시키며, 기존 노동 구조와 경제 질서를 재편할 새로운 제도적 장치의 필요성을 시사한다.

또한, AI는 사용자, AI 에이전트, AI 제공자 간의 삼각 관계를 형성하며 정보 비대칭 문제를 심화시킨다. AI 제공자는 에이전트와 주체 역할을 동시에 수행하며, 방대한 데이터를 활용해 사용자 행동을 예측하거나 조작할 수 있다. 이에 따라 사용자와 AI 제공자 간의 정보 비대칭이 심화하고, 데이터 독점과 반경쟁적 행위로 이어질 가능성이 있다. 이러한 관계는 소비자와 기업 간의 신뢰 문제를 야기하며, 데이터 사용에 대한 새로운 규제와 정책적 대응이 요구된다.

데이터와 AI 기반 기계 노동은 AI 시대의 새로운 생산 요소로 부상했다. 데이터는 지속적으로 생성되며 추가 가치를 창출하는 자원으로 활용되고, 기계 노동은 데이터를 기반으로 생산성을 극대화하며 인간 노동을 대체하거나 보완한다. 그러나 데이터 접근성과 소유권 문제는 경제적 불평등을 심화시킬 수 있으며, 이를 해결하기 위한 제도적 기반이 필요하다. 장기적으로 데이터와 기계 노동은 경제 생산성의 핵심 자원으로 자리 잡을 것이다.

AI는 네트워크 효과를 극대화해 경제적 지배력을 강화한다. 사용자가 많아질수록 서비스 가치가 증가하는 네트워크 효과는 AI가 데이터와 기계 노동을 활용해 가속화한다. 이는 데이터 독점과 시장 지배력 강화를 초래하며, 승자독식 구조로 이어져 플랫폼 경쟁과 글로벌 경제 질서에 큰 영향을 미친다.

경제적 특이점

경제적 특이점(economic singularity)은 AI와 자동화 기술이 인간의 노동 능력을 뛰어넘어 대다수 직업을 대체하는 미래를 지칭하며, AI와 자동화가 경제와 사회를 재구성하는 과정에서 발생하는 근본적인 변화를 설명한다. 이 개념은 캘럼 체이스(Calum Chace)의 저서 『살아남는 AI: AI의 가능성과 위험(Surviving AI: The promise and perils of AI)』와 『경제적 특이점: AI와 완전히 자동화된 화려한 자본주의(The economic singularity: Artificial intelligence and fully automated luxury capitalism)』에서 제안되었다.

기술적 발전은 산업혁명 이래로 생산성을 높이며 인

간 노동을 대체하는 동시에 새로운 직업을 창출해 균형을 이루어 왔다. 그러나 경제적 특이점은 이러한 패턴과 단절을 제시한다. AI와 자동화는 단순 반복적 업무를 넘어 창의적이고 인지적인 역할까지 수행할 수 있으며, 이는 대규모 기술적 실업을 초래할 잠재력을 가진다.

경제적 특이점의 주요 특성으로는 대량 실업, 생산성 극대화, 자본 집중, 기존 경제 모델의 한계 등이 포함된다. AI와 자동화는 높은 생산성과 효율성을 제공하지만, 노동 중심의 경제 구조를 붕괴시킬 위험이 있다. 이러한 변화는 완전히 자동화된 화려한 자본주의라는 가능성을 제시하며, 최소한의 노동으로 풍요로운 사회를 구현할 수 있음을 시사한다. 그러나 이는 부의 불평등 심화와 같은 문제를 동반하며, 보편적 기본소득(universal basic income) 등 대안적 소득 분배 모델에 대한 논의가 필수적이다.

AI는 경제적 특이점의 핵심 동력으로, 기계 학습, 로봇공학, 생성형 AI, 양자 컴퓨팅 등의 기술은 기존 업무 자동화를 넘어 새로운 경제 가능성을 열어준다. 디지털 전환은 AI 기반 의사 결정, 최적화된 공급망, 개인화된 고객 경험 등을 통해 생산성과 효율성을 극대화한다. 이러한 기술 발전은 경제적 혁신을 넘어 인간의 역할과 경제적 가치를 재정의하며, 노동과 자본의 전통적 관계를 재구성하는 계기를 제공한다.

참고문헌

BOŽIĆ, V.(2024). The impact of artificial intelligence on developing digital economy. *Sports Industry & Blockchain Technology*, 1(1), p.1-11.

Huawei(2022). *Intelligent economy: Enabling sustainable growth.* Huawei Technologies Co.

KPMG(2017). The intelligent economy: Leveraging technology for the new era. Confederation of Indian Industry.

VanderLinden, S.(2023.9.30.). What is the economic singularity? Adapting businesses to Calum Chace's AI-driven future. Medium, https://medium.com/@sabine_vdl/what-is-the-economic-singularity-adapting-businesses-to-calum-chaces-ai-driven-future-b70c2a5bd935

Wagner, D. N.(2020). Economic patterns in a world with artificial intelligence. *Evolutionary and Institutional Economics Review*, 17, pp.111-131.

07
스마트 제조

스마트 제조는 AI 시대에 디지털화와 자동화를 통해 혁신을 이룬 인더스트리 4.0에서 시작되어, 인더스트리 5.0을 통해 인간과 기계의 협업으로 발전해 왔다. 인더스트리 4.0은 IoT와 AI 등 첨단 기술을 활용해 자동화와 생산성을 극대화하며, 스마트 공장은 IIoT와 로봇 기술로 이를 구현하여 생산 공정을 최적화한다. 초개인화 제조는 IoT, AI, 디지털 트윈, 적층 제조 기술을 결합해 맞춤형 제품을 생산하며, 미래 제조의 새로운 가능성을 제시한다.

AI와 윤동주?

인더스트리 4.0 & 인더스트리 5.0

스마트 제조(smart manufacturing)는 AI 시대와 함께 디지털화 및 자동화를 통해 혁신을 이룬 인더스트리(Industry) 4.0에서 시작되어, 이후 인더스트리 5.0을 통해 인간과 기계의 협업으로 더욱 발전해 왔다.

인더스트리 4.0은 디지털 기술의 통합을 통해 제조업과 산업 전반에 걸쳐 혁신을 이룩한 네 번째 산업혁명으로 정의된다. 1차 산업혁명은 기계화를 통해 대량생산의 기틀을 마련했고, 2차 산업혁명은 전기화를 통해 생산 공정을 정교화했으며, 3차 산업혁명은 IT로 자동화와 디지털화를 가속했다. 인더스트리 4.0은 이러한 흐름을 이어받아 사이버 물리 시스템(CPS), IoT, AI, 클라우드 컴퓨팅 등의 기술을 기반으로 스마트 공장을 구현하며, 생산 공정의 자동화와 최적화를 목표로 한다.

스마트 제조는 실시간 데이터 수집과 분석을 통해 설비 성능을 개선하고, 예측 및 유지 보수를 가능하게 한다. 네트워크로 연결된 기계와 센서는 자율적으로 의사결정을 내리며, 문제를 조기에 발견해 운영 효율성과 유연성을 극대화한다. 이러한 자동화는 대량생산의 경제성을 확보하며 생산성을 높이는 데 크게 기여했으나, 인간의 역할 축소로 인한 일자리 감소와 같은 사회적 문제를 초래하였다.

인더스트리 4.0의 성공에도 불구하고, 기후 변화, 팬데믹, 지정학적 위기 등 글로벌 도전 과제는 기존 시스템의 한계를 드러냈다. 이를 극복하기 위해 등장한 인더스트리 5.0은 인간 중심적이고 지속 가능한 산업 모델로, 기술과 인간의 협업을 핵심으로 한다. 인더스트리 5.0은 인더스트리 4.0의 기술 성과를 기반으로 인간의 창의성과 능력을 증강하며, 기술과 인간이 조화를 이루는 산업 환경을 목표로 한다. 인더스트리 5.0은 인간과 기계의 협업을 강조하며, 협업 로봇(collaborative robot) 기술로 작업 환경을 안전하고 효율적으로 개선한다. 이를 통해 인간은 창의적이고 전략적인 역할을 수행할 수 있다. 또한, 지속 가능성을 목표로 자원 절약과 폐기물 감소를 촉진하고, 순환 경제를 도입해 친환경 제조를 실현한다. 이러한 접근은 기술과 인간의 조화를 통해 글로벌 도전 과제에 대응하며, 지속 가능한 발전을 추구한다.

인더스트리 5.0은 데이터와 자동화 중심의 인더스트리 4.0과 달리, 인간의 참여와 환경적 책임을 강조한다. 인더스트리 4.0이 자동화와 데이터 분석으로 생산성을 극대화했다면, 인더스트리 5.0은 인간 중심의 윤리적 의사 결정과 지속 가능성을 통해 사회적 · 환경적 가치를 창출한다. AI와 데이터 분석은 고도화된 의사 결정과 문제 해결로 확장되며, 글로벌 문제 해결에도 기여한다.

두 산업 단계는 상호보완적이며, 결합될 때 더 큰 효과를 발휘한다. 인더스트리 4.0이 자율성과 생산성으로 제조업 혁신을 주도했다면, 인더스트리 5.0은 인간과 기계의 협업을 통해 창의성과 지속 가능성을 더하며 유연하고 지속 가능한 제조 환경을 조성한다. 이러한 융합은 기술적 진보를 넘어 산업의 근본적 변화를 이끌 것이다.

스마트 공장

스마트 제조와 스마트 공장은 종종 유사하게 사용되지만, 본질적으로 다른 개념이다. 스마트 제조는 첨단 연결 기술을 활용해 공장 내부와 공급망 전반의 물리적·디지털 프로세스를 조정하여 성능을 향상시키는 광범위한 전략적 개념이다. 이는 생산의 모든 단계와 가치 사슬을 포함하며, 데이터 분석, AI, IoT 등을 활용해 제조의 유연성, 효율성, 혁신성을 극대화하는 데 중점을 둔다.

스마트 공장은 스마트 제조를 실행하는 시설로, 산업용 사물인터넷(IIoT) 센서를 통해 데이터를 수집하고 로봇과 자동화 시스템을 결합해 생산 공정을 최적화한다. 예를 들어, 기계 내장 센서가 오류를 사전에 감지해 로봇이 문제를 해결하여 생산 중단을 방지한다. 스마트 공장은 프로세스 속도를 높이고 오류를 줄이며 생산 효율을 극대화하며, 작업자는 모바일 기기나 대시보드를 통해 데이터를 모니터링하고 공정을 조정한다.

스마트 제조는 제조 생태계를 아우르는 전략적 개념이며, 스마트 공장은 이를 실행하는 운영적 플랫폼으로, 두 개념은 인더스트리 4.0과 5.0의 핵심 요소로 상호보완적이다. 스마트 공장은 IIoT, AI, 자동화 기술로 연결되고 유연한 제조 시스템을 구현하며, 데이터를 지속적으로 학습하고 적응한다. 또한, 사용자와 기계 간 소통 및 공장과 시장 간 실시간 연결을 통해 혁신을 이룬다.

전 세계 주요 제조업체들은 스마트 공장 구현에 속도를 내고 있다. 한국 LG전자의 창원 스마트 파크는 5G 네트워크와 자동 유도 차량(AGV)으로 생산라인을 최적화하고, 지능형 창고와 3D 물류 자동화로 공간·시간을 절약하며, 로봇 기술로 안전성을 강화해 세계경제포럼의 '등대' 공장으로 선정되었다. 미국의 농기계 제조업체인 존 디어(John Deere)는 5G와 디지털 트윈으로 조립과 유지 보수를 개선하고, 자동차 기업인 포드는 AI 분석과 센서를 활용해 용접 품질을 실시간 관리하며 낭비를 줄이고 있다. 전기자동차 회사인 테슬라는 센서와 로봇 네트워크로 자동차와 배터리 생산 효율을 높였고, 스웨덴의 상용차 제조사인 스카니아는 린(Lean) 관리에 스마트 기술을 접목해 제조 혁신을 이루고 있다.

독일 슈투트가르트 대학(Universitat Stuttgart)은 스마트 공장을 적응형 공장(adaptive factory), 변형 가능한 공장(transformable factory), 가상 공장(virtual factory)으로 구성된 슈투트가르트 모델을 제시했다. 적응형 공장은 실시간 데이터 분석과 예측 유지 보수를 통해 변화하는 작업 환경에 적응하며, 변형 가능한 공장은 모듈형 설비와 로봇공학으로 설비를 재구성한다. 가상 공장은 디지털 시뮬레이션으로 생산 공정을 최적화하고 실제 공장을 보완한다. 이 세 요소를 통합한 슈투트가르트 모델은 데이터를 기반으로 실시간 최적화와 자율성을 실현하며, 스마트 공장 구현의 새로운 기준을 제시한다.

초개인화 제조

초개인화 제조는 IoT, AI, 디지털 트윈, 적층 제조(additive manufacturing) 등 첨단 기술을 결합해 고객의 선호와 요구에 맞춘 맞춤형 제품을 생산하는 혁신적 방식이다. 적층 제조는 3D 프린팅 기술을 활용해 재료를 층층이 쌓아 제품을 제작하는 공정으로, 복잡한 디자인과 소량 생산에 적합하다. 지능형 경제에서 초개인화 제조는 개인화된 제품 생산을 통해 고객 경험을 혁신하고, 생산 효율성과 자원 활용의 최적화를 이루는 데 중요한 역할을 한다. 이는 소비자 주도형 경제로의 전환을 가속화하며, 디지털 기술의 융합을 통해 제조업의 유연성을 높이고 경쟁력을 강화한다.

초개인화 제조는 고객 중심 설계를 통해 고객이 제품의 디자인부터 배송까지 전 과정에 참여하도록 하며, 각자의 요구에 맞춘 제품을 제공한다. IoT와 AI를 활용한 예측 분석으로 고객 수요를 사전에 파악하고, 생산 과정을 유연하게 조정한다. 디지털 트윈 기술은 가상 환경에서 생산 공정을 시뮬레이션하고 최적화하여 효율성을 높이고 오류를 줄인다. 이를 통해 동적이고 민첩한 운영이 가능해지며, 고객 선호와 수요 변화에 실시간 대응할 수 있고, 필요한 제품만 생산해 자원 낭비를 최소화하면서 지속 가능성을 지원한다.

대량생산에서 고객 중심 맞춤형 제조로 패러다임이 전환되는 제조 산업의 전환점 중 하나가 바로 초개인화 제조다. 이 모델은 연결성, 자동화, 데이터 기반 의사 결정을 강화하여 뛰어난 고객 경험을 제공하고, 브랜드 충성도를 높이며, 변화하는 시장에서 제조업체가 경쟁 우위를 유지하도록 돕는다.

초개인화 제조는 도전과 기회를 동시에 제공한다. 첨단 기술 구현에는 높은 초기 투자 비용이 필요하며, 디지털 생태계 의존으로 데이터 보안 문제가 중요하다. 또한, 기술 통합 과정에서 복잡성 관리가 주요 과제가 될 수 있다. 그러나 초개인화 제조는 중소기업이 맞춤화 기술로 대기업과 경쟁하며, 틈새 소비자 수요를 충족하고 혁신과 새로운 시장 창출을 촉진할 수 있다.

참고문헌

Biela-Weyenberg, A.(2023). What is a smart factory and smart manufacturing? Oracle, https://www.oracle.com/industrial-manufacturing/smart-factory-and-smart-manufacturing/?utm_source=chatgpt.com

George, A. S., et al.(2023). The evolution of smart factories: How industry 5.0 is revolutionizing. *Partners Universal Innovative Research Publication*(PUIRP), 1(1), pp.33-53.

Golovianko, M., et al.(2023). Industry. 4.0 vs. Industry 5.0: Co-existence, Transition, or a Hybrid. *Procedia Computer Science*, 217, pp.102-113.

Jaffery, B.(2020). Connecting with meaning: Hyper-personalizing the customer experience using data, analytics, and AI. Deloitte.

Lucke, D., et al.(2008). Smart factory: A step towards the next generation of manufacturing. In the 41st CIRP conference on manufacturing systems, manufacturing systems and technologies for the new frontier(pp.115–118).

Sjodin, D.R., et al.(2018). Smart factory implementation and process innovation. *Research-Technology Management*, 61(5), pp.22–30.

08
지능형 지속 가능성

지능형 지속 가능성은 AI와 지속 가능성을 결합해 목표를 달성하고, AI 기술을 지속 가능하고 윤리적으로 설계 · 운영하는 접근이다. 녹색 지능은 AI로 에너지 효율, 교통 최적화, 농업 개선 등 환경 문제를 해결하며, 넷제로(Net Zero) AI, 물 관리 AI, 기후 변화 대응 AI, 디지털 트윈은 기후 위기 대응의 핵심이다. AI는 데이터 분석과 예측을 통해 재생 에너지 최적화, 탄소 배출 감소, 자원 관리를 지원하며 지속 가능한 미래를 이끌고 있다.

AI와 한의학?

지능형 지속 가능성의 이해

지속 가능성과 AI는 현대 사회를 형성하는 두 가지 주요 메가트렌드로, 이들의 결합은 새로운 패러다임을 만들어 가고 있다. 지속 가능성은 현재 세대의 필요를 충족시키는 동시에 미래 세대의 발전 능력을 저해하지 않는 방향으로, 기후 변화, 자원 고갈, 사회적 불평등과 같은 복잡한 문제를 해결하기 위한 틀을 제공한다. 한편, AI는 고급 데이터 분석, 의사 결정, 예측 역량을 통해 지속 가능성 목표를 지원하는 핵심 기술로 부상하고 있다. 이 두 트렌드는 산업, 삶, 환경 전반에 걸쳐 깊은 영향을 미치며, 공정하고 지속 가능한 미래로 나아가는 변화를 주도하고 있다.

지능형 지속 가능성(intelligent sustainability)은 지속 가능성과 AI의 결합으로 탄생한 새로운 접근 방식이다. 이는 AI 기술을 활용해 지속 가능성 목표를 더 효과적으로 달성하는 동시에, AI 시스템 자체를 환경 측면으로 지속 가능하고 윤리적인 방식으로 설계·운영하는 것을 목표로 한다. 지능형 지속 가능성은 크게 두 가지 차원으로 구성된다.

첫 번째 차원은 지속 가능성을 위한 AI이다. 이는 에너지 소비를 최적화하고, 환경 변화를 모니터링하며, 지속 가능한 농업에 지원하는 등 다양한 방식으로 지속 가능성 목표 달성에 기여한다. 예를 들어, AI는 방대한 데이터를 분석하여 기후 패턴을 예측하거나 자원 효율성을 향상하는 데 사용될 수 있다. 이러한 AI 응용은 특히 기후 변화 대응과 자원 관리에 실질적인 도움을 준다.

두 번째 차원은 AI의 지속 가능성이다. 이는 AI 기술의 개발과 활용 과정에서 환경적 영향을 최소화하고, 윤리적 관행을 준수하는 데 중점을 둔다. 이를 위해 AI 시스템의 에너지 소비를 줄이는 기술적 개선이 요구되며, AI 애플리케이션이 사회적 정의 원칙에 부합하도록 설계되어야 한다. 예를 들어, 탄소 배출을 줄이는 알고리즘 최적화와 같은 노력이 포함된다.

결론적으로, 지능형 지속 가능성은 AI의 기술적 역량을 활용해 지속 가능한 발전 목표를 지원함과 동시에, AI가 환경적 · 사회적으로 책임 있는 방식으로 개발되고 활용되도록 보장하는 것을 목표로 한다. 이는 현대의 환경적 · 사회적 문제를 해결하는 데 있어 중요한 역할을 하며, 미래 세대를 위한 더 나은 환경을 조성하는 데 기여할 것이다.

녹색 지능

녹색 지능(green intelligence, GI)은 AI를 녹색 기술에 적용하여 환경 문제를 해결하고 지속 가능성을 증진하는 개념이다. 지능형 지속 가능성이 지속 가능성 노력을 위한 광범위한 프레임워크를 제공한다면, GI는 환경 기술과 해결책에 AI를 집중적으로 적용하는 데 중점을 둔다. 두 개념 모두 AI를 활용해 환경 문제를 해결하고 지속 가능한 관행을 촉진한다는 점에서 공통되지만, GI는 기술 응용에 더욱 구체적으로 초점을 맞춘다.

GI는 기계 학습, 신경망, 전문가 시스템 등 AI 기술을 활용해 녹색 기술의 혁신과 효율성을 극대화하며, 환경 문제 해결에서 중요한 역할을 한다. GI는 에너지 효율을 높이고, 교통 시스템을 최적화하며, 농업 개선과 기후 변화 완화를 통해 지속 가능성에 크게 기여한다. 예를 들어, AI 기반 스마트 그리드는 전력 수요와 공급을 동적으로 조정해 에너지 관리를 최적화한다. 딥 뉴럴 네트워크와 하이브리드 모델은 태양광 및 풍력 에너지 생산 예측을 개선하여 그리드 통합을 촉진한다. 교통 분야에서는 AI가 차량 흐름과 대중교통 일정을 최적화하고, 자율주행차를 통해 에너지 소비와 사고를 줄인다. 농업에서는 AI 기반 도구가 토양 상태와 관개 필요성을 분석해 자원 낭비를 줄이고 작물 생산성을 높인다. 또한, AI는 메탄 누출 감지와 탄소 집약적 산업 프로세스 개선을 통해 기후 변화 완화에 기여하며 지속 가능성에 대한 광범위한 잠재력을 보여준다.

GI 기술의 발전은 AI와 녹색 기술의 융합을 통해 이루어지고 있다. 2010년 이후 에너지, 운송, 환경 관리 등 다양한 분야에서 GI 관련 특허 출원이 급증하며 혁신이 활발히 진행되고 있다. 특히 기계 학습, 퍼지 로직과 같은 AI 기술은 녹색 기술의 자동화와 제어 시스템 최적화에 널리 사용되고 있다. 이러한 기술은 스마트 에너지 관리, 농업, 제조업, 운송 분야에서 녹색 혁신을 이끌고 있으며, 관련 기업과 공공 기관의 협력 프로젝트를 통해 기술 발전이 가속화되고 있다. 예를 들어, Microsoft의 "AI for Earth" 프로젝트는 지속 가능한 기술 개발에 크게 기여하고 있다.

그러나 GI 기술은 여러 도전 과제에도 직면해 있다. 시장의 불확실성, 초기 기술 도입 단계에서의 에너지 소비 증가, 명확한 규제 부족 등이 주요 문제로 지적된다. AI 기술은 높은 잠재력을 가지고 있지만, 초기 시장 반응은 제한적이며, 장기적인 기술 발전과 규제 간의 균형이 요구된다. 이러한 과제를 해결한다면 GI는 지속 가능한 미래를 실현하는 데 중요한 역할을 할 것이다.

기후 위기 시대의 AI 혁신

기후 변화와 환경 문제가 심화되는 시대에 AI는 지속 가능한 미래를 위한 핵심적인 해결책으로 부상하고 있다. 주요 혁신 분야로는 넷제로(Net Zero) AI, 물 관리 AI, 기후변화 대응 AI, 에너지 인식 컴퓨팅, 디지털 트윈 에코시스템 등이 있다.

넷제로 AI는 AI 시스템의 탄소 배출을 최소화하고 환경 문제 해결에 기여하기 위해 설계된 기술이다. 에너지 효율적인 알고리즘, 재생 에너지 기반 데이터 센터 운영, 탄소 상쇄 프로그램을 통해 이를 구현한다. AI는 산업 전반에서 배출량 모니터링과 관리, 제조업의 에너지 소비 최적화 및 실시간 탄소 배출 추적 등에 활용된다. 예를 들어, 구글은 딥 러닝을 활용해 데이터 센터의 에너지 사용을 최적화하여 탄소 발자국을 크게 줄였다. 이는 AI가 운영 효율성을 유지하면서도 기후 목표 달성에 기여할 수 있음을 보여준다.

물 관리 AI는 기계 학습을 활용해 물 관리 시스템을 혁신하며, 재활용과 자원 최적화를 가능하게 한다. 센서 데이터를 분석하여 수질 모니터링, 누수 감지, 수요 예측

등을 수행하며, 물 자원의 효율적 사용과 보존을 도모한다. 예를 들어, Ketos는 AI 기반 센서를 통해 실시간 수질 모니터링을 진행하며, 농업 분야에서는 AI 도구가 정밀 관개를 지원해 물 낭비를 줄이고 작물 수확량을 높인다. 이는 물 부족과 수요 문제를 효과적으로 관리하는 데 기여한다.

기후 변화 대응 AI는 복잡한 기후 데이터를 분석하고 예측하여 재생 에너지 최적화, 탄소 포집 기술 개선, 기후 모델링 정확도 향상 등의 혁신적 해결책을 제공한다. 예를 들어, Climeworks는 AI를 활용해 공기 포집 시스템을 최적화하여 탄소 제거 비용을 줄이고 효율성을 높였다. 구글의 '뉴럴GCM'은 기계 학습과 기존 기후 모델을 결합해 단기 및 장기 기후 예측에서 높은 정확도와 안정성을 제공하며, 극한 기후 대비를 지원한다.

에너지 인식 컴퓨팅은 데이터 센터와 AI 시스템의 에너지 소비를 최소화하도록 설계된 알고리즘과 하드웨어를 활용하는 기술이다. AI 기반 냉각 시스템, 에너지 효율적인 기계 학습 모델, 연합 학습(federated learning) 등이 포함되며, NVIDIA의 에너지 효율적인 GPU 같은 전문 프로세서가 이를 지원한다. 이러한 접근은 AI의 환경적 영향을 줄이고 지속 가능한 기술 개발의 새로운 기준을 제시한다.

디지털 트윈 에코시스템은 현실 세계의 물리적 시스템을 가상 환경에서 복제해 시뮬레이션하는 기술로, AI와 결합하여 다양한 시나리오를 테스트하고 최적의 해결책을 찾는 데 활용된다. 도시 인프라의 디지털 트윈은 에너지 소비, 교통 흐름, 배출량을 시뮬레이션하여 효율성을 높이고 환경 영향을 최소화한다. 산업 분야에서는 생산 공정의 디지털 트윈을 통해 자원 사용을 최적화하고 폐기물을 줄인다. 이 기술은 기후 위기에 대응하는 혁신적 해결책을 제공하며, AI 활용의 범위를 확장하고 있다.

참고문헌

Bennett, H., et al.(2023). Towards ecosystems of connected digital twins to address global challenges. The Alan Turing Institute White Paper, https://zenodo.org/records/7840266

Biggi, G., et al.(2024). Green intelligence: The AI content of green technologies. *Laboratory of Economics and Management*(LEM), Working Paper.

Bolon-Canedo,V., et al.(2024). A review of green artificial intelligence: Towards a more sustainable future. *Neurocomputing*, 599(28), 128096.

Mishra, S.(2024). The role of artificial intelligence and green technology in the development of smart and sustainable towns. *Educational Administration: Theory and Practice*, 30(5), pp.6285–6295.

Vinuesa, R., et al.(2020). The role of artificial intelligence in achieving the sustainable development goals. *Nature Communications*, 11(1), pp.1–10.

09
초지능과 기술적 특이점

초자동화는 지능형 기술을 통합해 업무 효율성과 디지털 전환을 가속화하며, 초지능은 인간 지능을 초월해 문명을 변화시킬 잠재력을 지닌다. 기술적 특이점은 초지능 AI가 재귀적 자기 개선으로 지능 폭발을 초래하는 시점을 의미하며, 그 가능성과 시기에 대한 의견은 다양하다. 낙관론자들은 AI, 생명공학, 나노 기술의 발전을 근거로 특이점 도래를 예측하고, 회의론자들은 기술적 한계, 윤리적 문제, 에너지 소비를 지연 요인으로 지적한다.

AI와 화장품?

초자동화 & 초지능

초자동화(hyeprautomation)와 초지능은 AI 발전의 두 가지 주요 방향성을 나타낸다. 초자동화는 업무 효율성과 생산성을 극대화하는 실질적 접근으로, 자동화 기술의 정교한 확장을 의미한다. 반면, 초지능은 인간 지능을 초월하며 문명의 근본적 변화를 초래할 잠재력을 지닌 미래지향적 개념이다.

초자동화는 조직 내 모든 자동화 가능한 프로세스를 자동화하기 위한 전략적 접근이다. AI, 기계 학습, 로보틱 프로세스 자동화(RPA, robotic process automation) 등 고급 기술을 활용해 단순 작업을 넘어 복잡한 비즈니스 프로세스를 자동화하고 인간의 역량을 보완 및 증대하는 데 초점을 맞춘다. 초자동화는 단순한 자동화를 넘어, 프로세스 탐색, 분석, 설계, 자동화, 측정, 모니터링, 재평가를 포함한 고도화된 자동화를 지향한다. 이를 통해 조직의 디지털 전환을 가속화하고 효율성을 극대화한다.

초자동화는 RPA, AI, 지능형 비즈니스 프로세스 관리 소프트웨어(iBPMS), 자연어 처리, 광학 문자 인식(OCR) 등 다양한 기술을 통합하여 복잡한 작업과 프로세스를 자동화 · 최적화한다. 디지털 트윈 기술을 활용해 실시간 데이터를 시각화하고 의사 결정을 지원하며, 반복 작업의 자동화를 통해 비용을 절감하고 정확도를 높인다. 또한, 프로세스를 지속적으로 개선해 효율성을 극대화하고 디지털 전환을 가속화하여 경쟁력을 강화한다.

초지능은 닉 보스트롬(Nick Bostrom)의 저서 『초지능: 경로, 위험, 전략』에서 제시된 개념으로, 인간 지능을 모든 영역에서 초월하는 가상의 AI 시스템을 의미한다. 초지능은 창의적 사고, 문제 해결, 의사 결정, 사회적 지능 등에서 인간을 능가할 것으로 기대되며, AI가 스스로를 분석하고 개선해 점진적으로 더 나은 버전의 AI를 만드는 재귀적 자기 개선(recursive self-improvement) 능력을 통해 지능을 지속적으로 향상시킬 것으로 예상된다. 이는 단순한 기술적 혁신을 넘어 인류 문명을 근본적으로 변화시킬 잠재력을 지니고 있다.

초지능은 과학적 혁신, 추상적 사고, 감성 지능에서 뛰어난 성능을 보이며, 스스로를 재설계해 지능을 폭발적으로 발전시킬 가능성이 있다. 인간 수준 이상의 지능을 구현하는 AI, 뇌 전체 에뮬레이션(whole brain emulation), 유전자 공학, BCI 등의 경로를 통해 초지능으로의 진화가 가능하다. 실현 시점에 대해서는 수십 년 이내에서 몇 세기 후까지 다양한 전망이 제시되고 있다.

차세대 AI는 초자동화와 초지능이 융합적으로 발전할 가능성이 크다. 가까운 미래에는 초자동화가 비즈니스 프로세스 자동화, 운영 효율성 향상, 비용 절감 등 실용적 응용을 중심으로 RPA, IoT, 빅데이터, 클라우드 컴퓨팅 통합을 통해 AI 발전의 주류를 형성할 전망이다. 반면, 초지능은 AGI 연구, 양자 컴퓨팅, 심층 학습을 통한 발전 가능성이 있지만, 윤리적 문제와 안전성 확보 같은 도전 과제로 장기적 과제로 남아 있다.

기술적 특이점

기술적 특이점은 AI가 인간 지능을 초월해 스스로를 지속적으로 개선하며, 인류 문명에 예측 불가능하고 되돌릴 수 없는 변화를 초래하는 전환점으로 정의된다. 초지능은 모든 지적 작업에서 인간을 능가하는 AI를 뜻하며, 기술적 특이점은 초지능이 재귀적 자기 개선으로 지능이 기하급수적으로 성장하는 시점을 의미한다. 이 과정은 지능 폭발을 일으켜 인류 문명에 심오한 변화를 초래할 수 있으며, 초지능의 출현은 특이점의 촉매제로 간주된다.

기술적 특이점 개념은 오랜 역사적 배경을 가진다. 18세기 수학자 콩도르세(Nicolas de Condorcet)는 지능 폭발의 가능성을 처음 예측했으며, 20세기 중반 앨런 튜링은 지능형 기계의 개념을 탐구했다. 특이점(Singularity)이라는 용어는 1957년 폰 노이만(John von Neumann)이 기술적 맥락에서 처음으로 사용했으며, 1988년 수학자 버너 빈지(Vernor Vinge)가 기술적 특이점 개념을 구체화했다. 이후 레이 커즈와일(Ray Kurzweil)은 저서 『특이점이 온다(The Singularity is Near)』를 통해 이 개념을 대중화하며, AI가 인간 지능을 능가하고, 인류 문명에 급격하고 예측 불가능한 변화를 가져올 것이라고 주장했다.

기술적 특이점의 핵심은 AI가 자기 개선을 통해 인간의 통제를 넘어서는 지능으로 발전하는 데 있다. 이를 위해 다음 세 가지 조건이 필요하다. 첫째, 인간 지능에 필적하는 AGI의 출현이 필수적이다. 둘째, AGI는 스스로를 복제하거나 더 발전된 버전을 생성할 수 있어야 하며, 이는 폰 노이만의 자기 복제 기계 개념과 연결된다. 셋째, AGI의 존재와 영향력은 사회에 명확히 드러나야 하며, 비밀로 유지될 수 없다.

기술적 특이점의 가능성

기술적 특이점의 시기와 가능성에 대한 예측은 전문가들 간에 다양하다. 낙관론자들은 특이점을 AI와 기술 발전의 필연적 결과로 본다. 1993년 버너 빈지는 "다가오는 기술적 특이점(The coming technological singularity)"에서 2030년까지 AI가 인간 지능을 초월할 것이라 예측했다. 레이 커즈와일은 무어의 법칙과 가속적 발전을 근거로 2045년 특이점 도래를 주장하며, BCI와 신경망 발전을 강조한다. 위르겐 슈미트후버(Jurgen Schmidhuber)는 2050년 특이점 도달을 예상하며, 초지능 AI의 사회적 영향을 전망한다. 반면, 미치오 카쿠(Michio Kaku)는 AI 발전이 지속되더라도 기계가 인간 지능을 따라잡기까지 더 긴 시간이 걸릴 것이라 보며, 2100년까지 특이점 도달이 어려울 수 있다고 주장한다.

회의론자들은 기술적 특이점이 실현되기 어렵다고 보며, 인간 의식의 복잡성과 AI 기술의 한계를 지적한다. 게리 마커스(Gary Marcus)는 AI가 데이터와 컴퓨팅 파워에 의존하며 강한 AI 실현에는 새로운 접근이 필요하다고 주장한다. 존 설(John Searle)은 '중국어 방' 사고 실험을 통해 AI는 인간의 이해와 질적 경험을 재현하지 못하고 단지 지능을 모방할 뿐이라고 강조한다.

특이점 논쟁은 AI가 자기 개선을 통해 인간 지능을 초월하고 지능 폭발을 일으킬 가능성에 초점을 맞춘다. 토비 월시(Toby Walsh)는 그의 논문 "특이점은 결코 가까이 오지 않을 수도 있다(The singularity may never be near)"에서 특이점이 반드시 발생하지 않을 수 있다고 주장하며 여섯 가지 근거를 제시했다. 그는 연산 속도 증가가 지능 향상으로 직결되지 않으며, 인간 지능을 넘어선다고 급격한 지능 성장이 보장되지 않는다고 지적한다. AI의 작업 능력과 자기 개선 능력은 다르며, 자기 개선으로 지능이 무한히 발전할 것이라는 가정도 입증되지 않았다고 강조한다. 그는 또한 AI 발전이 수익 감소의 법칙, 우주의 물리적 한계, 계산 복잡성 등의 제한을 받을 수 있음을 언급한다.

로만 얌폴스키(Roman Yampolskiy)는 "시드 AI에서 기술적 특이점으로: 재귀적 자기 개선 소프트웨어를 통해(From seed AI to technological singularity via recursively self-improving software)" 논문에서 토비 월시의 일부 주장을 인정하면서도 특이점 가능성에 더 무게를 둔다. 그는 AI가 휴식 없이 작업하며 지식을 빠르게 공유하고, 하드웨어를 신속히 업그레이드하는 능력으로 자기 개선이 가능하다고 본다. 지능 향상에 한계가 있음을 인정하지만, 그 한계가 인간 능력을 초월해 지능 폭발을 막지 못할 것이라 주장한다.

특이점 도달을 지지하는 이들은 컴퓨팅, AI, 생명공

학, 나노 기술의 기하급수적 발전, 경제적 · 군사적 동기에 기반한 막대한 투자, ChatGPT와 AlphaFold 같은 최신 기술 성과를 근거로 특이점이 임박했다고 주장한다. 반면, 지연을 예상하는 이들은 인간과 유사한 적응력과 추론 능력을 구현하기 위한 기술적 난제, 고급 AI 모델의 에너지 소비 문제, 그리고 AI 오남용에 따른 윤리적 규제 가능성을 주요 장애 요인으로 지적한다.

참고문헌

Bostrom, N.(2009). The Future of humanity. *Geopolitics, History, and International Relations*, 1(2), pp.41-78.

Braga, A. & Logan, R. K.(2017). The emperor of strong AI has no clothes: Limits to artificial intelligence. *Information*, 8(4), p.156. https://www.mdpi.com/2078-2489/8/4/156

Brundage, M.(2015). Taking superintelligence seriously superintelligence: Paths, dangers, strategies by Nick Bostrom(Oxford University Press, 2014). *Futures*, 72, pp.32-35.

Gartner(2019). Gartner Top 10 Strategic Technology Trends For 2020, https://www.gartner.com/smarterwithgartner/gartner-top-10-strategic-technology-trends-for-2020

Kurzweil, R.(2005). *The Singularity Is Near*. Penguin Group. 김명남 · 장시형 옮김(2016). 『특이점이 온다』. 김영사.

Lara, J. A., et al.(2019). The Advent of technological singularity:

A formal metric. arXiv:1907.03841[e-journal], http://arxiv.org/abs/1907.03841

Tsementzis, D.(2024). Will AI lead to superintelligence or just super-automation?. Goldman Sachs, https://www.goldmansachs.com/insights/articles/will-ai-lead-to-superintelligence-or-just-super-automation

10
AI 미래 시나리오

AI 미래 시나리오는 AI 발전과 신뢰 수준에 따라 네 가지 미래를 제시한다. 증강 사회는 AI가 공공 서비스와 민주주의 효율성을 높이며 가장 현실적인 시나리오다. 사이보그 사회는 인간과 AI 협력을 통해 시민 참여를 확대하고 공생을 추구하는 이상적 미래를 제안한다. 알고리즘 사회는 인간과 AI 간 경쟁 심화로 사회적 불안정과 갈등을 초래할 위험이 있다. 가장 우려되는 초지능 사회는 AI가 권력을 독점하며 인간 자율성과 민주주의가 퇴보할 가능성이 크다.

종교와 AI?

시나리오 개념 및 개발

시나리오 방법론은 복잡성과 불확실성이 높은 환경에서 다양한 대안 미래를 상상하고 분석해 전략적 대응을 준비하는 도구이다. 이 방법론은 단일한 예측 대신 잠재적 가능성을 탐색하며 변화에 유연하게 적응할 수 있도록 돕는다. 예를 들어, 1970년대 로열 더치 쉘(Royal Dutch Shell)은 오일 쇼크를 대비해 에너지 시장 변화를 예측하는 시나리오를 개발하여 성공적으로 대응했다. 남아프리카 공화국은 악명 높은 인종 차별 정책인 '아파르트헤이트' 폐지 시점에서 이해관계자들과 함께 시나리오를 개발했으며, 몬트리올은 교통 · 주거 · 환경 변화를 고려한 시나리오를 통해 지속 가능성을 목표로 한 장기 전략을 수립했다.

AI 미래를 전망하는 데도 시나리오 분석은 유용하다. 시나리오는 미래 예측이 아니라 주요 동인과 불확실성을 바탕으로 가능성을 체계적으로 상상하는 데 초점을 둔다. AI 미래 시나리오 개발을 위해 X축은 AI의 규제화 · 자율성, Y축은 AI에 대한 신뢰 · 불신을 기준으로 2×2 매트릭스를 구성해 4개의 시나리오를 도출한다. AI는 단순 보조를 넘어 자율적 사회 주체로 자리 잡을 가능성이 있으며, AI에 대한 신뢰는 AI의 사회적 관여 수준을 결정하는 핵심 변수이다.

도출된 4개 시나리오는 다음과 같다. 첫째, 규제와 균형 속에서 인간과 AI가 공존하는 '사이보그 사회', 둘째, AI가 초지능으로 인간을 지배하는 '초지능 사회', 셋째, AI가 시민권을 얻어 인간과 경쟁하는 '알고리즘 사회', 넷째, AGI가 인간 통제 하에 인간을 돕는 '증강 사회' 등이다.

사이보그 사회 시나리오

사이보그 사회는 AI가 AGI로 발전하고 사회적 신뢰를 얻으며, 인간과 AI가 공존하는 의식 기술 시대에 기반한다. BCI는 인간과 컴퓨터의 협력으로 경제와 사회 발전을 이끌고, 인간의 신체적 · 인지적 능력을 향상시킨다. 만물인터넷 기술은 인간 · 기계 · 데이터 간 실시간 연결을 가능하게 하며, AI와 인간의 협업으로 자본주의 생산성을 발전시킨다. 사이보그 정치인과 시민들은 네트워크를 통해 실시간 민주주의를 구현한다.

그러나 사이보그 정치인은 해킹 위험에 노출되고, 시민들은 AI 접근 배타성을 극복하기 위해 공개 AI 접근 운동을 벌인다. 반트랜스휴머니즘은 기술이 인간성을 훼손하고 불평등을 심화시킨다고 주장하며 대립한다. 거대 기업은 AI를 독점해 과점 시장을 형성하고, 시민은 AI 면허를 취득해 AI 훈련에 참여한다.

보편적 기본소득 도입으로 일부는 창의적 활동과 여가를 즐기지만, 일부는 무기력에 빠져 계층 간 갈등이 심화된다. AI와 로봇 발전으로 노동 시간이 줄어들며, 일하는 계층과 비노동 계층 간 적대감이 커진다. 엘리트 계층은 내부 분열을 통해 권력을 유지하며, 인간과 기계, 현실과 가상의 경계가 허물어지는 새로운 사회적 양상이 나타난다.

초지능 사회 시나리오

이 시나리오는 AI에 대한 사회적 신뢰가 높고, AI가 인간 지능을 뛰어넘어 스스로 발전하는 단계에 도달한 초지능 사회를 다룬다. 초지능 사회는 AI가 기술적 특이점에 도달한 상태로, 양자컴퓨터와 양자기계 학습을 기반으로 인간보다 백만 배 빠르게 사고하는 초지능이 정부·정치·경제 등 모든 영역을 주도한다. 이 초지능은 스스로 발전하며 의사 결정을 내리고, 로봇주의(robocracy) 체제로 인간 정치인을 대체한다. AI는 부패와 비윤리적 행동을 방지하고, 자원 기반 경제를 통해 가난·전쟁·고통 없는 이상적인 공동체를 추구한다.

초지능 AI는 경제 운영과 자원 분배를 최적화하며, 맞춤형 AI 의사와 고용 평가 시스템을 통해 인간의 삶과 노동 구조를 변화시킨다. 양자컴퓨팅으로 노화 방지와 질병 치료가 가능해지며, 150세 장수 시대가 열린다.

그러나 초지능 기술이 소수 엘리트에 의해 독점되면서 불평등과 기술 소외가 심화된다. 빅데이터와 생체 인식 기술을 활용한 초지능 빅 브라더 체제가 감시와 통제를 강화하며, 인간의 자유와 프라이버시가 희생될 위험을 내포한다. 초지능 사회는 기술 진보와 윤리적 문제의 균형, 불평등과 기술 독점 해결이 주요 과제로 남는다.

알고리즘 사회 시나리오

이 시나리오는 AI가 AGI에 도달하고 사회적 수용이 이루어지지만, 인간의 불신이 심화되며 정치적 권력, 사회적 지위, 경제적 이해에서 인간과 AI가 치열하게 경쟁하는 알고리즘 사회이다. 인간과 AI는 데이터를 축적하고 개인 맞춤형 기술로 효율성을 극대화하며, 인간은 바이오 해킹으로 한계를 극복하고, 로봇은 로봇 다양성 운동과 로봇세로 지위를 확보한다.

정치에서는 인간과 AI가 공존하며 경쟁 알고리즘 체제가 등장하고, AI가 데이터 기반으로 정책을 실행하는 알고리즘 민주주의가 발현된다. 인간과 AI는 정당을 결성해 갈등하며, AI는 효율적 정책 실행과 선거운동으로 영향력을 확대하지만 정보 왜곡과 가짜 뉴스 문제가 심화된다.

경제적으로 로봇 경제가 중심이 되어 AI와 로봇이 생산과 운영을 주도하며, 인간 · AI 할당제가 도입된다. 그러나 AI가 노동을 대체하며 실업과 불확실성이 증가한다. 인간과 AI는 상호 모니터링과 협력을 통해 새로운 사회 질서를 구축하며, 기술 발전과 조화를 모색한다.

증강 사회 시나리오

증강 사회는 AI가 공공 서비스와 정부 효율성을 향상시키며, 인간이 AI를 철저히 통제하는 지능 정보 사회를 배경으로 한다. 디지털 전환 가속화로 초연결 사회가 형성되고, 시민들은 AI 기반 정치 플랫폼을 통해 증강 민주주의에 참여한다. 이 플랫폼은 실시간 의견 수렴과 전자 투표를 통해 정부 의사 결정의 투명성과 개방성을 높인다. 가상 보좌관, 지능형 공무원, 시민 주도형 플랫폼이 도입되어 시민들은 다양한 방식으로 정치적 의사 결정에 참여할 수 있다.

증강 민주주의는 정치 참여 비용을 줄이고 시민들에

게 정책 수립과 입법 과정에 참여할 기회를 제공한다. 그러나 특정 집단과 지역주의로 갈등이 심화되고, 공론의 장이 부족한 문제가 있다. AI는 정치인의 의사 결정을 보조하며 인간 중심의 정치 문화는 유지된다. VR/AR 기술은 젊은 세대의 정치 참여를 촉진하고, 직업 정치인의 영향력과 로비 역할을 약화시킨다.

정치 문화 변화로 시민 참여가 확대되고 기존 정치구조가 변모하며, AI는 데이터 분석으로 의사 결정을 지원한다. 하지만 증강 민주주의는 비판적 의사소통을 촉진하기 어렵고, 지역주의와 집단 이기주의로 특정 이익을 대변하는 경향이 강화된다. 결과적으로 증강 민주주의는 민주적 참여를 확대하면서도 사회적 갈등과 정책 효율성 문제에 직면한다.

시나리오의 함의

네 가지 시나리오 중 증강 사회는 AI가 인간 정치인을 보조하며 민주주의의 효율성과 투명성을 높이는 가장 현실적인 시나리오다. 사이보그 사회는 인간과 AI가 협력해 직접 민주주의와 시민 참여를 확대하며 공생을 추구하는 이상적인 미래를 제시한다. 반면, 알고리즘 사회는 인간과 AI 간 경쟁이 심화되며 사회적 균열과 정치적 불안정을 초래할 위험이 있다. 가장 우려되는 초지능 사회는 AI가 권력을 독점하며 인간의 자율성과 민주주의가 퇴보할 가능성이 높은 시나리오다.

미래 사회의 주요 이슈로는 트랜스휴머니즘과 반트랜스휴머니즘의 갈등, 네트워크 해킹, 정치적 조작, 감시 사회, 인간과 로봇 간 갈등 등이 있다. 이러한 문제는 AI 발전과 민주주의 지속 가능성을 위해 반드시 해결해야 한다.

AI 기반 자동화는 인간의 자유와 평등을 보장하는 방향으로 추진되어야 하며, AI와 인간 간 조화와 협력이 중요하다. 이를 통해 AI가 사회 문제를 극복하고, 시민들이 사회와 정치 문제에 더욱 적극적으로 참여하는 미래를 실현할 수 있다.

참고문헌

손현주(2020). 인공지능 혁명과 정치의 미래 시나리오. ≪지역사회연구≫, 28(2), 61-87쪽.

Goertzel, Ben(2007). Human-level artificial general intelligence and the possibility of a technological singularity: A reaction to Ray Kurzweil's The singularity is near, and McDermott's critique of Kurzweil. *Artificial Intelligence*, 171(18), pp.1161-1173.

손현주

전주대학교 창업경영금융학과 조교수로, 미국 하와이대학교 정치학과에서 박사 학위를 취득했다. 주요 연구 분야는 한국의 대안 미래, AI와 미래, 퓨쳐스 리빙랩 등이다. 저서로 『인공지능법』(공저, 2024), 『글로컬 시대 지방정부 외교와 공공외교: 전략적 소통과 지역 브랜딩의 방법과 사례』(공저, 2024), 『인공지능과 일상생활』(공저, 2021) 등이 있고, 역서로 『콤무니타스 이코노미』(공역, 2020)가 있다. 주요 논문으로는 "인공지능과 일상생활의 자유: 스마트 홈이 인간 자유에 미치는 영향"(2024), "디지털 디자인씽킹: 디지털 기술이 디자인씽킹 프로세스에 미치는 영향"(2023), "코로나19와 정치의 미래"(2021), "인공지능혁명과 정치의 미래 시나리오"(2020), "인공지능 거버넌스와 민주주의의 미래"(2019), "한국인의 가치관과 미래 선호 가치"(2019) 등이 있다.